Checkmate – Schachmatt

von Karin Grüning

Langenscheidt

Berlin · München · Wien · Zürich · New York

Lektorat: Gabriele Dietz
Englischsprachiges Lektorat: Charlotte Collins
Layout: Kathrin Mosandl
Illustrationen: Claudia Flor
Umschlaggestaltung: init.büro für gestaltung, Bielefeld
unter Verwendung einer Illustration von Claudia Flor

www.langenscheidt.de

Umwelthinweis: Gedruckt auf chlorfrei gebleichtem Papier

Satz: kaltnermedia GmbH, Bobingen
Druck: Mercedes-Druck, Berlin
Bindung: Stein + Lehmann GmbH, Berlin
Printed in Germany

ISBN 978-3-468-20630-6

10010

A **Special** Birthday Present

"Schachmatt."
Tim hielt den Atem an, doch so sehr sein Vater auch nach einem Ausweg suchte, es gab keinen.
Jürgen Tennmann pfiff anerkennend durch die Zähne. "Gratuliere, Tim! Das war ein genialer Zug."
Er griff nach seinem König, um ihn als Zeichen der Kapitulation aufs Spielbrett zu legen, hielt jedoch inne und betrachtete versonnen die Figur.
"Ein selten schönes Stück, findest du nicht auch?" Liebevoll glitt sein Zeigefinger über die Krone des Königs. "Hast du gesehen, wie fein die Linien geschwungen sind? Wer diesen Stein bearbeitet hat, muss ein wahrer Künstler gewesen sein."
Tim nickte. Sein Vater hatte natürlich recht. Und doch, es war nicht ganz das Geburtstagsgeschenk, das er sich gewünscht hatte. Vielleicht sollte er dankbar sein, dass sein Vater überhaupt daran gedacht hatte, ein Geschenk zu besorgen, während er auf einer Geschäftsreise war – aber musste es ausgerechnet ein Schachspiel aus einem Londoner Antiquitätengeschäft sein? Eigentlich hatte Tim auf den lange versprochenen Computer gehofft. Dann hätte er endlich mit seinen Freunden vom Schachclub chatten können, Fernschachpartien spielen, Schachprogramme ausprobieren ...

special besonderes

Energisch verdrängte Tim diese Gedanken. Sein Vater

hatte ihm eine Freude machen wollen und nur das zählte, oder?
Tims Vater stellte die Figur zurück auf den Tisch und hielt das Schachbrett ins Licht. “Schau dir mal die Buchstaben an, die der Künstler am Rand eingraviert hat. Ist das nicht eine wunderbare Arbeit?” Er rückte seine Brille zurecht. “Ich glaube, es ist Englisch. Kannst du lesen, was da steht?”
Englisch ... Tim biss die Zähne zusammen. Er hatte versucht, heute nicht an seine Mutter zu denken. Englisch war die Sprache, in der sie mit ihm gesprochen hatte, die sie ihm beigebracht hatte, um das eigene Heimweh zu mildern. Heimweh nach London, wo sie geboren und aufgewachsen war. Er beugte sich über das Schachbrett und starrte auf die Schrift, ohne sie richtig wahrzunehmen. “Keine Ahnung, was da steht”, sagte er schließlich.
“Es ist altes Englisch, vielleicht liegt es daran. Der Verkäufer schätzt, dass das Brett über dreihundert Jahre alt ist. Deiner Mutter hätte es sicher auch gefallen.”
Tim wurde es endgültig zu viel. “Ich gehe jetzt ins Bett. Wir schreiben morgen eine Klassenarbeit, da möchte ich ausgeschlafen sein.”
“Ach so. Na dann.” Sein Vater sah ihn auf eine Weise an, die Tim den Hals zuschnürte. “Möchtest du dein Geschenk nicht mitnehmen?”
“Doch, natürlich.” Tim zwang sich zu einem Lächeln. “Es bekommt einen Ehrenplatz in meinem Zimmer. Danke, Papa. Gute Nacht.”

Sein Vater sah ihn erleichtert an. “Ich bin froh, dass es dir gefällt. Ganz sicher war ich mir nicht.”
Du hättest fragen können, was ich mir wünsche, dachte Tim, während er die Tür hinter sich ins Schloss zog. Wenn man zwölf wurde, war die Überraschung schließlich nicht mehr das Wichtigste an einem Geschenk.
Er stapfte die Treppe hinauf und ging in sein Zimmer. Das Schachbrett stellte er vorsichtig auf den Schreibtisch, bevor er sich auf den Stuhl fallen ließ.
“Sorry, Mum”, sagte er und blickte zu dem gerahmten Foto, das neben seiner Schreibtischlampe stand. “But I **really don't want** to talk about you with Dad, **at least not** today. **Nobody should** cry on their birthday, **should they?**”
Er stellte die Figuren aufs Brett. Seltsam, das Schachbrett hatte nicht nur diese komische Schrift am Rand, sondern auch zwischen und auf den Feldern waren kleine Figuren und Zeichen eingraviert.
Tim schloss die Augen. “Good night, Mum, sleep **well**.” Er stellte sich vor, wie sie ihm ebenfalls eine gute Nacht wünschte. Vielleicht war es ein kindisches Ritual, das er sich angewöhnt hatte. Aber es half ihm, besser einzuschlafen. Und es musste ja keiner wissen.

really wirklich
don't want will nicht
at least zumindest
not nicht
nobody niemand
should sollte
should they? nicht wahr?
well gut

A **Visitor** in the Night

Ein Geräusch schreckte Tim aus dem Schlaf. Bevor er auch nur blinzeln konnte, spürte er eine Hand an seinem Hals und sah im Licht der Straßenlaterne eine dunkle Gestalt über sich. Sein Herz setzte aus, um gleich darauf mit dreifacher Geschwindigkeit gegen seine Rippen zu hämmern.

"Be quiet or **I'll kill** you."

Tim rang nach Luft und versuchte gleichzeitig zu nicken und der Panik Herr zu werden, die ihn zu überwältigen drohte.

Der schreckliche Druck auf seiner Kehle ließ nach.

"See my knife?"

Tim sah es deutlich, der Kerl hielt es ihm ja genau vor die Nase.

"I know how to use it."

Daran hatte Tim keinen Zweifel. Er blieb regungslos liegen, als der Einbrecher seinen Hals freigab.

"**Do you understand me**?"

Tim nickte. Er krächzte: "Ja. I **mean**: yes."

"Why **did you say** 'Ja'?"

Tim räusperte sich. "'Ja' means 'yes'. It's German."

"German? Why are you speaking German? Who are you?"

Tim brach der Schweiß aus. "I'm Tim Tennmann. And I'm speaking Ger-

visitor Besucher
will kill werde umbringen
Do you understand? Verstehst du?
me mich
mean meine
did you say hast du gesagt

man because we're in **Germany**. **Most** people in Germany speak German."
Die Stimme des Einbrechers klang irritiert, als er antwortete: "Germany? We're in Germany? I'**m supposed to** be in Great Britain!"
Toll. War es nicht genug, dass ihn ein Einbrecher mit einem Messer bedrohte? Musste es auch noch ein verrückter Einbrecher sein?
"I'm sorry. I really am", stammelte Tim. "The station is **around** the corner. **If** you **hurry**, you can **catch** the last train to Britain."
Oder sonstwohin. Auf jeden Fall weg von hier – das war im Moment Tims dringlichster Wunsch.
Der Eindringling packte ihn am Schlafanzug. "I **must find** the **magic treasure**."
"Magic treasure?" Tim erkannte seine Stimme nicht wieder. Er klang wie eine erschreckte Feldmaus, und genauso fühlte er sich auch. "I don't know what you're talking about. I do**n't** know **anything** about magic or treasures."
Das Messer tanzte vor seinen Augen. "Are you **sure**?"
"Yes. Sorry. Please don't hurt me!"
Mit leichtem Druck senkte sich die Messerklinge auf Tims Hals, direkt über die pulsierende Schlagader. "You'**re lying**."

Germany Deutschland
most die meisten
am supposed to sollte
around um
if wenn
hurry dich beeilst
catch erwischen
must muss
find finden
magic magischen
treasure Schatz
not anything nichts
sure sicher
are lying lügst

"No. I **swear**!"

"You swear?"

"I swear on my mother!" Tim schluckte, seine Gedanken rasten. "She ... she **died three years ago**. And I swear I have **no idea** what you're talking about."

Der Eindringling ließ das Messer sinken, setzte sich auf die Bettkante und flüsterte: "**Then all** is **lost**."

Tim wäre am liebsten von dem Kerl weggerutscht – doch er wagte es nicht. Er lag im Bett, mit heftig klopfendem Herzen und angehaltenem Atem, und hoffte inbrünstig, dass dieser Verrückte nun endlich, endlich verschwinden würde. Doch der tat ihm den Gefallen nicht. Still saß er da, als warte er auf eine Eingebung.

Das Blut pochte in Tims Ohren. Sollte er versuchen, den Kerl zu überrumpeln? Aber wie?

swear schwöre
died ist gestorben
three years ago vor drei Jahren
no idea keine Ahnung
then dann
all alles
lost verloren
here hier
would würde
never nie
important wichtig
some etwas
light Licht

Der andere nahm ihm die Entscheidung ab. Er stand auf und blickte auf Tim hinunter. "The treasure must be **here**", sagte er. "Lord Zoar **would never** make a mistake about something so **important**. Make **some light**."

Tim tastete nach dem Lichtschalter seiner Nachttischlampe und knipste sie an. Verblüfft starrte er auf den Einbrecher. Dessen halblange, dunkle Haare und altmodischen Kleider hätten gut in einen Piratenfilm gepasst. Tim kannte niemanden, der heute noch in Kniehosen und Wams herumlief. Doch was ihn am meisten irritierte: Der Kerl war höchstens ein Jahr älter als er selbst!

"I don't believe it. You're **just** a boy?"

Der Fremde wich vor der Lampe zurück, das Messer hielt er kampfbereit in der Hand. "**What the hell** is **that**!"

"What?"

"The light."

Tim suchte nach Worten. "It's nothing special. Just an **ordinary lamp**."

"Is it magic?"

Der Kerl war noch verrückter, als er gedacht hatte. Tim setzte sich auf und versuchte, unauffällig seine Bettdecke zusammenzuknäueln. Besser ein geringer Schutz vor dem Messer als gar keiner. Der Junge näherte sich vorsichtig der Lampe.

"Is it dangerous?"

"No, as long as you don't put your finger in the **socket**."

"Socket?"

Tims Nerven lagen blank. Mit zitternden Fingern deutete er auf die Steckdose. "That."

Der Junge hielt einen Sicherheitsabstand, als könnten jederzeit Fangzähne nach ihm schnappen, dann schaute er sich im Zimmer um. Ein Aufschrei entfuhr ihm. "**There** it is!"

just nur
what the hell was zum Teufel
that das
ordinary normale
lamp Lampe
socket Steckdose
there da

Mit zwei Schritten war er beim Schreibtisch und beugte sich über das Schachbrett. "I've **found** it. I've found it! No **other chessboard** looks **like** this, and the **chessmen** are special, too." Er wirbelte zu Tim herum. "You **lied**! I should kill you and **feed** you to the **Dirt Guzzlers**."

Tim wusste nicht, was ein Dirt Guzzler war, doch schon das "kill you" ließ ihm erneut die Knie weich werden.

"**Listen**, this is my birthday present. It's nice, but it's not magic. You should look **somewhere else**."

"It is the magic chessboard, you **liar**! And you **swore** on your mother!"

"**Shut up**!" Tim wurde so zornig, dass er seine Angst vergaß. Einen Lügner ließ er sich nicht nennen, auch nicht von diesem durchgeknallten Kerl, der sich gerade die Schachfiguren in den Ausschnitt seines Hemdes stopfte.

Der Junge steckte das Messer in die Scheide an seinem Gürtel und drückte das Schachbrett mit beiden Händen an sich. "Liar! Hear me? I **said** it again."

Tim sprang aus dem Bett. Er stürzte sich auf den Jungen und riss ihn zu Boden. Es wurde neblig und feuchtes Laub klebte an seinen Händen.

have found habe gefunden
other anderes
chessboard Schachbrett
like wie
chessmen Schachfiguren
lied hast gelogen
feed füttern
'Dirt Guzzlers' 'Dreckfresser'
Listen. Hör mal.
somewhere irgendwo
else anders
liar Lügner
swore hast geschworen
Shut up! Halt den Mund!
said habe gesagt

The Fog Spirits

Feuchtes Laub? In seinem Zimmer? Tim war so verblüfft, dass er inne hielt. Der Junge nutzte die Gelegenheit und wand sich unter ihm hervor. "Great. **Look** what you**'ve done**!"

Sie saßen auf einem Waldboden. Nebel waberte zwischen den Bäumen, und außer ihrem keuchenden Atem war nichts zu hören. Tim sah sich um. Hatte er den Verstand verloren? Vielleicht war die Verrücktheit dieses Kerls ansteckend? Langsam stand er auf. "Where are we?"

"I'm not supposed to be here", sagte der Junge. "And you are**n't either**. It **must have happened** because you **attacked** me."

"Me? Look who's talking. Who – "

"Ssh. They'll hear you!"

"**I don't care!** Tell me where – "

Der Junge sprang auf und presste seine Hand auf Tims Mund. "They **will eat us alive**. **So** be quiet. Please."

Please? Der Kerl schien wirklich Angst zu haben. Tim nickte zum Zeichen seines Einverständnisses und nach kurzem Zögern nahm der Junge die Hand von seinem Mund. Er fasste Tim am Ärmel und zog ihn unter die tief hängenden Äste eines Baumes.

'Fog Spirits' 'Nebelgeister'
look schau
have done gemacht hast
not either auch nicht
must have happened muss passiert sein
attacked angegriffen hast
I don't care. Das ist mir egal.
will eat werden fressen
us uns
alive lebendig
so also

"Be quiet, **don't move**", wisperte er und kauerte sich neben die große Wurzel.

Tim tat es ihm gleich. Er zwang sich, ruhig zu atmen, doch in der Stille des Waldes kam es ihm vor, als wäre jeder Atemzug so laut wie eine Dampfmaschine. Wo war er gelandet? Träumte er?

"Oh no. They've found us!" Der Junge packte Tims Handgelenk und zog ihn auf die Beine. "Run!"

Tim riss sich los. "Why? Who's coming?"

"The Fog Spirits. Can't you see **them**? **Over there**?" Der Junge deutete nach links. Tim sah Nebel, und aus dem Nebel wuchsen wurmartige Tentakel, die sich in ihre Richtung vortasteten. Es wurden immer mehr, und die ihnen am Nächsten waren, stülpten an ihrem Ende ein trichterförmiges Etwas heraus, das ihn an ein Staubsaugerrohr erinnerte. Der Junge zerrte an Tims Ärmel.

"**Come on!** We must go, or they'**ll suck** us **in**. Hurry!"

Sie stolperten voran, von Rennen konnte jedoch keine Rede sein. Die Wurzeln der Bäume schienen sich ihnen absichtlich in den Weg zu legen, und im Dämmerlicht konnte Tim die Unebenheiten des Waldbodens kaum erkennen.

Der Junge sah ihn an. "We **have to get out of** this forest. **Otherwise** we're **dead**."

Don't move. Nicht bewegen.
them sie
over there da drüben
Come on! Komm schon!
will suck in werden einsaugen
have to müssen
get out of rauskommen aus
otherwise sonst
dead tot

“Do you know the **way**?”

“No. I’**ve never been** here **before**.”

“Great. What do we do **now**?”

“We run. **Until** we’**re safe** – or until they eat us.”

Tim wurde schlecht. Das musste ein Alptraum sein, so etwas geschah nicht im richtigen Leben. Doch als er sich den Zeh an einer Wurzel stieß, war der Schmerz ziemlich echt. Er blinzelte, kämpfte mit den Tränen und folgte dem Jungen, der schon einige Schritte voraus war. Der drehte sich zu ihm um. “They’**ve surrounded** us”, sagte er. “They’re everywhere!”

Tatsächlich. Wohin Tim auch sah, überall schlängelte sich Nebel auf sie zu. Sie pressten sich an die raue Rinde eines Baumes, als könnten sie in ihm verschwinden.

Tim hoffte sehnlichst, dass er endlich aus diesem Alptraum aufwachen würde. “Do something! **There has to be** a **way out**”, rief er.

“Sorry, but I’m **quite** sure **that** ... no, wait! Look!” Der Junge blickte nach oben. “I think there’s **less** fog **higher up**. Give me your shirt, hurry!” Er zog sein Messer, und Tim beeilte sich, sein Schlafanzugoberteil auszuziehen. Der Junge riss ihm das Hemd aus den Fingern. “You go **first**. I’**ll follow** you.”

way Weg
have been bin gewesen
never before noch nie
now jetzt
until bis
are safe in Sicherheit sind
have surrounded haben eingeschlossen
there has to be es muss geben
way out Ausweg
quite ganz
that dass
less weniger
higher up höher oben
first zuerst
will follow werde folgen

Wie stellte der Kerl sich das vor? Der erste Ast des Baumes befand sich in Kopfhöhe, und Tim hatte keine Idee, wie er da hochkommen sollte.

Der Junge zerschnitt den Schlafanzug mit seinem Messer. “**What** are you waiting **for**? Go!” Er wickelte das Schachbrett in die Stoffstreifen und band es sich auf den Rücken.

Tim hielt sich an dem untersten Ast des Baumes fest und versuchte, sich hinaufzuschwingen. Es gelang ihm nicht. “I’m sorry, I can’t ...”

Der Junge zischte etwas, das Tim nicht verstand. Dann stellte er sich mit dem Rücken zum Baumstamm und verschränkte die Hände. “**Get up!**”

Tim setzte einen Fuß auf die Handflächen des Jungen und stemmte sich nach oben. Er schaffte es tatsächlich, auf den Ast zu gelangen. “Now what?”

“Move! I **need to get onto** the **branch as well**.”

Tim klammerte sich an den Baumstamm und stand auf. Zum Glück war der nächste Ast nicht allzu weit entfernt; wenn er sich etwas streckte, würde er ihn erreichen. Er durfte nur nicht nach unten sehen, durfte nicht an die Nebelgeister denken, musste einfach stur weiter nach oben klettern.

Der Ast unter seinen Füßen vibrierte. Wahrscheinlich schwang sich der Junge herauf, problemlos wie die Sportskanonen zu Hause in seiner Klasse.

what for worauf
Get up! Hoch!
need to muss
get onto ... auf ... steigen
branch Ast
as well auch

Doch plötzlich hörte Tim einen Schrei.

"They'**ve got** me! **Help**! No!"

Ein Nebelgeist hatte ein Tentakel um das Fußgelenk des Jungen geschlungen. Schon rückten weitere nach. Ein leises, saugendes Geräusch war zu hören.

Der Junge trat um sich. "**Get lost**, you horrible **piece** of nothing."

Tim zauderte nur einen kurzen Moment, dann setzte er sich auf den Ast, umschlang ihn mit den Beinen, beugte sich hinab und packte den Jungen unter den Achseln. Er versuchte, ihn zu sich heraufzuziehen, spürte jedoch, wie unten jemand ebenso beharrlich dagegenhielt. Der Junge klammerte sich an den Ast und schaffte es, ein Bein darüberzuschwingen, doch das andere hing noch immer in den Tentakeln fest.

Wie bekämpfte man Nebelgeister? Tim bezweifelte, dass man sie verletzen konnte. Selbst das Messer des Jungen würde wahrscheinlich keinen großen Schaden anrichten. Aber vielleicht war die Waffe trotzdem nützlich?

"Give me your knife."

"It's under my belt", keuchte der Junge, "but it's **useless against** the Fog Spirits."

Tim gab keine Antwort, er musste sich auf sein Vorhaben konzentrieren. Er schaffte es, das Messer aus der Scheide zu ziehen, und beugte sich nach unten, den Nebelgeistern entgegen.

have got haben
Help! Hilfe!
Get lost! Hau ab!
piece Stück
useless nutzlos
against gegen

Das Blut schoss ihm in den Kopf, und der Chor der rüsselähnlichen, saugenden Tentakel dröhnte ihm in den Ohren wie ein wild gewordener Bienenschwarm. Ein besonders langer weißer Arm griff nach ihm und Tim konnte sich nur durch eine schnelle Seitwärtsbewegung retten. Es war Wahnsinn, was er hier tat. Aber hatte er eine andere Wahl? Wenn die Nebelgeister den Jungen einsaugten, wäre er der Nächste auf ihrem Speiseplan.

Tim griff nach dem Hosenbein des Jungen und zerschnitt den Stoff mit dem Messer. Aus dem Nichts schnellte ein Tentaktel heran und landete auf seinem Handrücken. Tim riss den Arm zurück.

Der Junge schrie auf. "**Ow!** What are you doing?"

Tims Herz raste. Hatte er den Jungen verletzt? Mit zitternden Fingern schob er den Stoff der Hose beiseite. Tatsächlich, da war ein blutiger Schnitt knapp über dem Knie. "Sorry, I **didn't mean to** hurt you. I just want to **get rid of** this monster." Er durchtrennte beherzt die letzte Naht, die die Hose noch zusammenhielt. Mit einem schmatzenden Saugen rissen die Nebelgeister das untere Ende des Hosenbeins samt Schuh zu Boden. Das nackte Bein des Jungen hing in der Luft.

"Pull your leg up", schrie Tim und versuchte, selbst wieder nach oben zu gelangen.

"Thank you! **Quick**, let's climb." Der Junge kletterte voraus.

Ow! Aua!
didn't mean to wollte nicht
get rid of loswerden
quick schnell

Tim sah ihm zu und versuchte sich einzuprägen, wohin er seine Hände und Füße setzen musste. Je höher sie kamen, umso einfacher wurde es. Die Äste waren zwar dünner, dafür standen sie aber so dicht, dass es selbst für Tim bald kein Problem mehr war, weiter hinaufzusteigen. Er wagte einen Blick nach unten und sofort erfasste ihn Schwindel. Mit beiden Händen umklammerte er den Baumstamm und versuchte sich auf die erfreuliche Tatsache zu konzentrieren, dass die Nebelgeister ihnen nicht folgten. Fürs Erste waren sie in Sicherheit.

"Hey! Come up, here's a better **place to rest**."

Tim zwang seine zitternden Beine, ihn noch einige Äste höherzutragen, und setzte sich dem Jungen gegenüber.

Der untersuchte gerade den Schnitt an seinem Bein. Tim schaute schuldbewusst zu. "I'm sorry, I really am."

"Don't be. You **saved** my **life**. It'll be fine if we **survive** tonight. The problem is, it's not good to have a **wound** in the forest."

place Stelle
to rest um sich auszuruhen
saved hast gerettet
life Leben
survive überleben
wound Wunde
blood Blut
suck out saugen aus
energy Energie

"Why? Do they like **blood**?" Tim deutete nach unten, wo sich die Nebelgeister um ihren Baum geschart hatten.

"No, not them. The Fog Spirits **suck out** your **energy** until you're just a piece of dead meat."

Tim schluckte und warf noch einen Blick hinab.

"But **there are** other **creatures** who do like blood", fuhr der Junge fort, "and they'll come to **hunt** us."
"Can they climb trees?"
"**Probably.** I've never **met** a **Red Death** before, and nobody who has has lived to talk about it."
Red Death. Allein schon der Name klang schrecklich und ließ die Nebelgeister wie heitere Sommerwölkchen wirken.
"Do you think this Red Death is looking for us?", wollte Tim wissen.
"I don't know. **Anyway**, we shouldn't stay in one **place** for **too** long. But **before** we go I need to put the chessmen somewhere safe. I **nearly lost** them down there with the Fog Spirits." Der Junge löste den Stoff, der das Schachbrett hielt, und reichte es Tim. Dann holte er nacheinander alle Figuren aus seinem Hemd und stellte sie darauf.
Tim fragte sich, weshalb der Junge das Schachspiel gestohlen hatte. Sicher, es war wertvoll, aber war das ein Grund, sich in ein solches Abenteuer zu stürzen? Und was war da in seinem Zimmer überhaupt passiert? Sie hatten gerauft und dann waren sie plötzlich in einem Wald, in dem sie eigentlich nicht sein sollten.
Der Junge wickelte die Schachfiguren wieder in die Streifen, die er

there are es gibt
creatures Lebewesen
hunt jagen
probably wahrscheinlich
have met habe getroffen
Red Death Roter Tod
anyway jedenfalls
place Ort
too zu
before bevor
nearly fast
lost habe verloren

aus Tims Schlafanzugoberteil geschnitten hatte, und band das Päckchen um seinen Bauch, bevor er sein Hemd darüber zog und wieder in die Hose stopfte. Das Schachbrett nahm er in die Hand. "I'm ready, let's go."

"Wait! First **explain to me** what happened in my room. Why **did we end up** in this forest?"

"**Somebody sent** me to **get** this **chess set**, and this somebody will be very angry because I **haven**'t **come back**."

"But why am I here? And where am I?"

"The moment he moved me from one world to **another was the exact** moment you attacked me. That's what **brought** me to this forest and you to the wrong world. But we don't have time to talk now. Come on, let's play **branch-hopping**."

"Branch-hopping?" Das hörte sich nicht gerade einladend an.

"Yes, how **else** do you think we can **escape** the Fog Spirits?"

"I don't understand ..."

"We'll jump from tree to tree. We'll be **gone** before they **realize**."

Sollte er tatsächlich von Baum zu Baum springen wie ein Affe, wo ihm doch schon schwindelig wurde, wenn er auf eine Leiter stieg?

explain erkläre
to me mir
did we end up sind wir gelandet
somebody jemand
sent hat geschickt
get holen
chess set Schachspiel
have come back zurückgekommen bin
another einer anderen
was war
the exact genau der
brought gebracht hat
branch-hopping Asthüpfen
else sonst
escape entkommen
gone weg
realize begreifen

"There's no other way?"
Tim brach der Schweiß aus. Doch es blieb ihm nichts anderes übrig, als dem Jungen zu folgen, der sich leichtfüßig an den Abstieg machte.
Wenige Äste tiefer hielt der Junge inne. "I think we should do it here", flüsterte er und kroch auf einen weit ausladenden Ast. Der bog sich bedenklich unter seinem Gewicht und neigte sich dem Nachbarbaum zu. Der Junge ließ sich fallen und erwischte tatsächlich einen Ast weiter unten. Er kroch in Richtung Stamm und war im Dunkel der Nacht schon nicht mehr zu sehen.
Tim hatte sich selten so alleine gefühlt. Er sollte wirklich und wahrhaftig diese Zirkusnummer nachmachen? Und wenn ihm schwindelig wurde? Wenn es schiefging? Wenn ... Nein. Kein Wenn mehr. Es gab keine andere Möglichkeit. Er musste es tun. Jetzt. Noch einmal atmete er tief ein, dann packte er den Ast fest mit beiden Händen und zog sich vorwärts. Nicht denken. Nicht hinunterschauen. Er würde nicht abstürzen. Er würde den anderen Ast zu fassen bekommen. Jetzt musste er loslassen.

just einfach
did hast getan

Nein.
Doch.
Hilfe!
Während er fiel, schlug Tim wild um sich. Er prallte auf etwas Hartes, seine Finger fanden Halt und jemand schlang einen Arm um ihn. "Got you. It's fine. You're safe. **Just** move. See, you **did** it."
Der Junge redete ihm zu wie einem scheuenden Pferd, und seine Stimme hatte eine beruhigende Wirkung auf

Tim. Sein Herzschlag normalisierte sich und er schaffte es, an den Baumstamm und um ihn herum zu kriechen und die ganze Aktion noch einmal durchzustehen. Und noch einmal. Und noch einmal. Danach hörte Tim auf zu zählen. Er konzentrierte sich nur noch darauf, sicher von Baum zu Baum zu gelangen. Schließlich spähte der Junge nach unten und flüsterte: "I think we can **get down** now."

"Yes, let's get down", stimmte Tim zu. Er wollte endlich wieder festen Boden unter den Füßen spüren.

get down runterklettern
are trying versuchen
strange seltsam

Sie kletterten hinab und schauten sich um. Weiter entfernt bildete der Nebel ein dichtes Knäuel um einen der Bäume, doch der restliche Wald schien nebelfrei zu sein. Der Junge legte sich den Zeigefinger auf den Mund. Tim nickte. Hintereinander schlichen sie davon, und Tim schoss der Gedanke durch den Kopf, dass er noch nicht einmal wusste, wie der Junge hieß, mit dem er durch diesen Wald tappte.

So leise wie möglich setzten sie Fuß vor Fuß, doch schon bald nahmen sie hinter sich Geräusche wahr. Der Junge stöhnte auf. "Look! The Fog Spirits. They're hunting us!" Sie gingen schneller, es war ihnen jetzt egal, wie laut sie waren. Von allen Seiten begann sich ihnen Nebel in den Weg zu schieben.

"They'**re trying** to surround us again", rief der Junge. "No, wait! Look in front of us. There's no fog. Isn't that **strange**?"

"Maybe it's a **trap**", keuchte Tim. Was immer sich da vorn tat, es konnte keine angenehme Überraschung sein. Nicht in diesem Wald.

"It's our **only** chance. Come on!" Der Junge sprintete los, Tim hinterher. Doch keine zwanzig Meter weiter stoppte der Junge abrupt. "Oh, no! **Checkmate**."

"**What's wrong**?", fragte Tim. Doch dann sah er es selbst. Vor ihnen gähnte ein Abgrund.

"We have to **go back**." Er wandte sich um, und augenblicklich überkam ihn das Grauen.

trap Falle
only einzige
checkmate Schachmatt
What's wrong? Was ist los?
go back zurückgehen

Keine fünf Meter von ihnen entfernt stand ein Ungeheuer. Es senkte seinen Kopf zum Angriff, ließ sie dabei jedoch nicht aus den Augen. Sie glühten, als hätte jemand dahinter ein Feuer entfacht. Der mächtige Kopf des Wesens erinnerte Tim an einen Bison, doch kein Bison konnte Rauch und Funken aus den Nüstern schnauben wie das Untier mit dem zottigen roten Fell vor ihnen.

Der Boden zitterte, als es mit einem Vorderbein aufstampfte.

"The Red Death", flüsterte der Junge, und zum ersten Mal hatte Tim das Gefühl, dass es wirklich, wirklich, wirklich keinen Ausweg mehr gab.

Ein Nebelgeist schob sich heran und stülpte seine grauen Fangarme aus. Tim wich zurück, doch zu spät – ein Tentakel erwischte ihn und wand sich um sein Handgelenk.

Tim drängte sich an den Jungen. "Do something!"
"I will." Der Junge schlang seine Arme um Tims Taille und warf sich mit ihm dem Abgrund entgegen.

The **Laundry Barn**

Tim konnte nicht schreien. Nur der eine schreckliche Gedanke hämmerte hinter seiner Stirn: Er würde am Boden zerschellen wie eine faule Frucht. Einen Moment lang tauchte das Gesicht seiner Mutter vor ihm auf, gefolgt von der gramgebeugten Gestalt seines Vaters. Dann überwältigte ihn die Panik und jeder Gedanke war ausgeblendet. Das Rauschen in seinem Kopf steigerte sich zu einem gewaltigen Tosen und verschwand erst, als Tim – in Wasser eintauchte.

laundry barn Wäschescheune
Wake up! Aufwachen!
stop hör auf

Die Kälte nahm ihm den Atem, die Strömung riss ihn mit. Er klammerte sich verzweifelt an den Arm des Jungen. Plötzlich spürte er Boden unter den Füßen und stieß sich ab. Wie ein Korken schoss sein Kopf aus dem Wasser. Er schnappte nach Luft, dann tauchte er erneut unter. Seine Schulter prallte gegen etwas Hartes und sein Knie schrammte über Steine. Tim ließ den Jungen los und suchte Halt, doch seine Hände griffen ins Leere. Er schluckte Wasser, wusste nicht mehr, wo oben und unten war, und spürte, wie die Kälte jede Kraft aus seinen Gliedern zog.

Jemand schlug ihn auf die Wange. "**Wake up**!"
Noch ein Schlag. Es tat weh. Tim drehte den Kopf zur Seite. Im fahlen Licht eines Baumes beugte sich ein Schatten über ihn. "Come on, **stop** playing dead."

Englisch? Bäume? Leuchtende Bäume?
Tim stöhnte. War er noch immer nicht aus seinem Alptraum erwacht?
"You're **awake at last**", sagte der Junge erleichtert und ließ von ihm ab.
Tim setzte sich auf. Jede Bewegung schmerzte, aber er schien nicht ernstlich verletzt zu sein. Sie befanden sich auf einem schmalen Sandstreifen, nur wenige Schritte von einem reißenden Fluss entfernt. Aus dem Wasser ragten schroffe Felsen. Tim schauderte. Er blickte nach oben, wo noch immer graue Tentakel suchend über die Klippe tasteten. "Is it **safe** here?"
"Yes, **don't worry**. There are no dangerous monsters here. I know that because my teacher brought me here to **study** trees. We just have to survive the **cold**."
Augenblicklich fröstelte Tim. "The cold? But it's summer. **Even** in this strange place the seasons don't just **suddenly change**, do they?"
"Of course it's summer! The cold is **because of** the trees."
Zitternd betrachtete Tim einen der Bäume. Er sah aus, als hätte er eine Leuchtstoffröhre verschluckt. Tim streckte die Hand danach aus, doch der Junge riss ihn zurück. "Don't **touch** it! If you do, you'**ll freeze to death**."

awake wach
at last endlich
safe sicher
Don't worry. Mach dir keine Sorgen.
study studieren
cold Kälte
even sogar
suddenly plötzlich
change wechseln
because of wegen
touch berühre
will freeze to death wirst erfrieren

fluorescent fluoreszierende
during während
absorb absorbieren
sunshine Sonnenschein
at night nachts
radiate strahlen aus
that dieses
the same dasselbe
won't werden nicht
already schon
shame Schade
doesn't really matter macht eigentlich nichts
sounds klingt
have seen habe gesehen
existed existierte

"What?"

"These are **fluorescent** trees. **During** the day they **absorb** the **sunshine**, and **at night** they **radiate that** cold light."

Der Junge begann, seine Kleider auszuziehen. Als er Tims befremdeten Blick sah, sagte er: "You should do **the same**. Your wet clothes **won't** help you; they're **already** cold."

Tim sah ein, dass der Junge recht hatte, doch es widerstrebte ihm, dem Rat zu folgen. War es nicht grässlich genug, barfuß und nur mit einer Schlafanzughose bekleidet in einer fremden Welt zu stranden? Sollte er nun tatsächlich nackt durch einen hell erleuchteten Wald laufen? Zähneklappernd sah er zu, wie der Junge die Schachfiguren aus seinem Hemd holte, bevor er es über den Kopf streifte. Wundersamerweise fehlte keine einzige. Nur das Schachbrett konnte Tim nirgends entdecken. "Where's the chessboard?"

"I lost it in the river", sagte der Junge und wickelte die Schachfiguren in sein Hemd. "It's a **shame**, but it **doesn't really matter**. The magic is in the chessmen."

Widerwillig zog Tim seine Schlafanzughose aus. "You know, that **sounds** really strange to me. I**'ve** never **seen** magic before. I didn't think it **existed**."

"Maybe that's **true** in your world. But not here. Hey, **by the way**, what's your name? I think you **told** me, but I **forgot** it, sorry."
"Tim."
"And I'm Zak. Let's try to get out of here."
"Wait a moment", sagte Tim. "I have no idea **what's going on**. Maybe you **could** explain?"
Zak rieb seine kalten Hände gegeneinander. "I could. But I'd prefer to do it somewhere **warm**."
Mit klammen Fingern rollte Tim seine Schlafanzughose zu einem Bündel zusammen. "First we were attacked by Fog Spirits, then by a Red Death, and now the trees are trying to freeze us to death. Is your world always **like this**?"
"No, don't worry. If we survive the night, we should be **more** or less safe. But of course **everything depends on** Lord Zoar. I don't know **whether** he will keep his **promise**."
"And who is this Lord Zoar?", fragte Tim, vor Kälte schlotternd. Er spürte seine Zehen nicht mehr. Ein taubes Gefühl kroch seine Beine empor und vertrieb die beißende Kälte.
"I'll tell you later. We have to move now!"
"Couldn't you just **send** me back **home**?", sagte Tim, und es war ihm egal, dass er sich anhörte wie ein

is true stimmt
by the way übrigens
told hast erzählt
forgot habe vergessen
what's going on was hier vorgeht
could könntest
warm im Warmen
like this so
more mehr
everything alles
depends on ... hängt von ... ab
whether ob
promise Versprechen
send schicken
home nach Hause

that so
enough genug
to keep going um weiterzugehen
way Richtung
reach erreichen
end Ende
anyway trotzdem

Vierjähriger, der im Kaufhaus seine Mutter verloren hatte.
"I'm sorry, but it isn't **that** easy. First we have to get out of here."
Tim kämpfte sich widerwillig auf die Beine.
Zak hüpfte auf und ab und ruderte mit den Armen. "Jump!"
Tim folgte seinem Beispiel. Er fühlte sich schwer wie ein Kartoffelsack, doch nach und nach wurde es leichter. Nur die prickelnden Nadelstiche in seinen Füßen konnte er nicht ignorieren, und ein Stöhnen kam ihm über die Lippen.
"I think we're warm **enough to keep going** now. What do you think?", fragte Zak schließlich.
Tim nickte und rang nach Atem. "Which **way**?"
Zak deutete mit dem Kinn nach rechts. "This way. If we keep the river behind us, we should **reach** the **end** of the forest in an hour. Do you think you can run for that long?"
Tim schüttelte den Kopf. "No, I don't think so."
"Let's try **anyway**."
Zak verfiel in einen langsamen Trab, den Tim einigermaßen mithalten konnte. Die Bäume, grünlich-blau schimmernde Riesen mit dichtem Blätterwerk, standen weit genug voneinander entfernt, so dass es einfach war, sie nicht zu berühren. Sie sahen merkwürdig aus, wie leuchtende Kleiderständer. Aber wenigstens hatte die Beleuchtung den Vorteil, dass sich kein Ungeheuer

unbemerkt an sie heranschleichen konnte. Sie liefen einige Minuten, legten eine kurze Pause ein und gingen dann weiter. Tim schämte sich vor Zak wegen seiner schlechten Kondition, doch Zak ließ keine einzige abfällige Bemerkung fallen. Tim staunte – von sportlichen Jungen war er anderes gewöhnt.

Zak verlangsamte das Tempo. "We'**ve made it**. See, it's dark in front of us."

Tatsächlich ließen sie die leuchtenden Bäume hinter sich, und schlagartig wurde es wärmer. Tim atmete tief ein und genoss den sanften Wind, der über seine Haut strich.

Zak spähte in die Nacht. "I think we'**re in luck**. Do you see these lights? On the other **side** of the **valley**? It's just **a few miles** to the castle from here."

have made it haben es geschafft
are in luck haben Glück
side Seite
valley Tal
a few ein paar
miles Meilen
So are you. Du auch.
there dort
straight direkt

Tim konnte wenig erkennen, doch in einiger Entfernung sah er einen großen Schatten, in dem vereinzelte Lichtpunkte aufleuchteten. War es das Schloss, von dem Zak sprach?

"So this castle is where you're going?"

"Yes. And **so are you**. Because the only three people who know how to send you back to your world live **there**."

"Really? So let's go and ask them!"

"It's not that easy. We can't go **straight** to the castle.

First we have to find a safe place and dry clothes. Then I'll tell you everything you need to know."
Tim seufzte. Andererseits – gegen trockene Kleider hatte er nicht das Geringste einzuwenden. Schließlich wollte er nicht nackt zu Hofe gehen.

some einige
clean saubermachen
soon bald
might könnten
guards Wachen

Seine gefrorene Hose in der Hand, folgte Tim Zak, der zielstrebig losmarschierte.
"Maybe we can steal **some** clothes from the laundry barn", überlegte Zak.
Tim zog eine Grimasse, weil sich ein spitzer Stein in seine Fußsohle bohrte.
"The laundry barn? What's that?"
"Even your world must have something like this, doesn't it?" Die Verwunderung in Zaks Stimme war nicht zu überhören. "We keep the Dirt Guzzlers there, and everything else we need to **clean** our clothes. But you'll see **soon** enough."
Bevor Tim fragen konnte, was Dirt Guzzler waren, tauchte vor ihnen der dunkle Umriss eines lang gestreckten Gebäudes auf.
"Ssh. There **might** be **guards**", flüsterte Zak und schlich näher. Mit klopfendem Herzen folgte Tim. Zak zog ihn hinter eine niedrige Mauer, die den Hof vor der Scheune umgab. "Stay here. I'll be back soon."
Bevor Tim protestieren konnte, kauerte er schon allein in der Finsternis. Seltsame Gerüche stachen ihm in die Nase und undefinierbare Geräusche drangen an sein Ohr.

Ob sein Vater wohl schon bemerkt hatte, dass er nicht friedlich schlafend im Bett lag? Der Gedanke an zu Hause schnürte Tim die Kehle zu. Er zwang sich, an etwas anderes zu denken, da berührte etwas Kaltes seine Zehen. Tim erstarrte. Er unterdrückte einen Schrei, als ein kalter Tropfen den Rücken seines Fußes traf. Einige Schrecksekunden vergingen, bis Tim begriff, dass es seine auftauende Hose war, die ihn so in Angst versetzt hatte. Beschämt hielt er sie etwas weiter von sich weg und war erleichtert, dass Zak nicht mitbekommen hatte, was für ein Angsthase er war.
Schon öffnete Zak die Scheunentür und winkte ihn zu sich. "Don't worry, we're safe here. At least for the moment."
Tim hastete über den Hof und schlüpfte in das Gebäude. Ein unerträglicher Gestank schlug ihm entgegen. Er hielt sich die Nase zu. "Yuck!"
"I know, it smells strange. But you **get used to it** after a **while**."
"How do you know?"
"Sometimes I have to **work** here – as a **punishment**."
"Your teacher sends you here?!"
"No, my father."
"That's **awful**." Tim überlegte, wer Zaks Vater sein mochte. Gehörte ihm diese Laundry Barn?
"It could be **worse**", erwiderte Zak. "He never **beats** me or sends me to bed **without** dinner. And he only does

get used to it gewöhnst dich daran
while Weile
work arbeiten
punishment Strafe
awful schrecklich
worse schlimmer
beats schlägt
without ohne

it if I really **deserve** it. **Let go of** your nose. You can't hold it for the rest of the night."

Tim atmete noch einmal durch den Mund ein, bevor er Zaks Rat befolgte. "You really clean your clothes in this **smelly** place?"

"You'll see how it **works**. I just have to **light** this lamp."

Tim hörte Zak neben sich rumoren, dann zischte es, als ob ein Wassertropfen auf eine heiße Platte fallen würde. Schließlich hielt Zak ihm eine Art Petroleumlampe vor die Nase, die helles Licht verströmte.

"How did you do that?", fragte Tim verblüfft.

"I just **took** some **light powder** from the box here and **threw** it on the lamp. That's all." Zak hob die Glaslampe in die Höhe. "See **all** these **ropes**?"

Tim schaute nach oben und sah unter der Scheunendecke dicke Seile, eine Art Flaschenzug, Haken und Schienen. Zak sagte: "**When** there's dirty **laundry**, we hang it on the **line** and pull it **over here**." Er ging einige Schritte weiter und senkte die Lampe. Sie warf Licht auf eine hüfthohe Absperrung. Tim schluckte. Eine Steinmauer bildete das Fundament, und darauf stand ein Zaun – aus Knochen. Doch ihm blieb keine Zeit, sich weitere Gedanken zu machen,

deserve verdient habe
let go of ... lass ... los
smelly stinkenden
works funktioniert
light anzünden
took habe genommen
light powder Lichtpulver
threw habe geworfen
all alle
ropes Seile
when wenn
laundry Wäsche
line Leine
over here darüber

denn schon stellte Zak die Lampe ab und beugte sich über die Absperrung. Er hob etwas Kleines, Schwarzes heraus. "That's a Dirt Guzzler. Sweet, **isn't it**? At least, it is when it's **asleep**. Do you want to hold it?"
Tim nickte und ließ sich von Zak das kleine Geschöpf in die Hand legen. Der Dirt Guzzler war leicht und sein Fell, das in alle Richtungen abstand, weich wie Seide. Sachte strich Tim darüber und versuchte, den strengen Geruch, den das Tier verströmte, zu ignorieren. Eine rosa Zunge schoss hervor und wickelte sich um seinen Finger.
"Uh, it's waking up. Put it back, quick!", drängte Zak.
"Why?" Sachte setzte Tim den Dirt Guzzler in das Gehege zurück. Es mussten einige hundert Tiere sein, die sich auf dem harten Boden aneinanderkuschelten.

isn't it? nicht wahr?
is asleep schläft
start anfangen
dirt Schmutz
as soon as sobald
own eigene
human flesh Menschenfleisch
for example zum Beispiel
plants Pflanzen

"They're dangerous."
Tim lachte. Die Dirt Guzzler sahen nicht gefährlicher aus als Meerschweinchen.
"No, really, they are. They **start** eating **dirt as soon as** they're awake – and they have their **own** idea of what dirt is. **Human flesh, for example.**"
Tim schaute Zak ungläubig an. "Is this a joke?"
"No, it's not. They eat nearly everything. They'll eat your hand if you try to touch them. But they don't like the **plants** we use to make our clothes. And they don't

like stones or bones either. That's why we surround them with stone walls and a **low** fence **made of** thin bones."

Tim betrachtete mit gemischten Gefühlen den Dirt Guzzler, den er gerade noch in der Hand gehalten hatte und der sich jetzt zwischen den anderen ein Plätzchen erdrängelte. Er sah wirklich harmlos aus mit seinen schwarzen Knopfaugen und der rosa Zunge.

low niedrigen
made of aus
rinse spülen

Sie gingen in den hinteren Teil des Raumes. Dort befand sich ein Wasserbecken. Es war ungefähr so groß wie das Wohnzimmer bei Tim zu Hause, aber nicht allzu tief.

"This is where we **rinse** the clean clothes", sagte Zak. "We pull them on the line from the Dirt Guzzlers to here. It works quite well."

Neben dem Becken sah man eine Art Wäscheleine, auf der verschiedene Kleidungsstücke zum Trocknen aufgehängt waren. Zak schlüpfte daran vorbei und öffnete eine Tür, die Tim bislang übersehen hatte.

"Come on! You'll like this!"

Hinter der Tür befand sich eine Treppe. Sie stiegen hinauf und standen erneut vor einer Tür.

"Open it", forderte Zak Tim auf. Der nahm allen Mut zusammen und drehte den Türknauf. Wärme schlug ihnen entgegen, ein Geruch nach frischen Tannennadeln und Zitrone hing in der Luft. Tim betrat den Raum. Hemden und Hosen hingen auf einer Leine, andere Kleider lagen in Stapeln auf blank geschrubbten Holztischen.

Zak fing an, einen Korb zu durchwühlen, der auf dem Boden stand. "Here." Er warf Tim ein langes Hemd und Kniebundhosen zu. Zwei Strümpfe und ein Wams flogen hinterher. Tim klaubte die Kleider vom Boden auf. Der Stoff war fein gewoben und fühlte sich angenehm an, als er hineinschlüpfte. Zak nickte zustimmend. "Good. Now you look exactly like a **servant** from the castle. Your hair is too short, but we can't do anything about that."
Er griff nach Kleidern, die sorgfältig gefaltet auf einem der Tische lagen. Tim sah mit einem Blick, dass sie aufwändiger verarbeitet waren als die, die er selbst am Leibe trug. Er nestelte die Knöpfe des Wamses durch die engen Knopflöcher und sah sich um. "Why **choose** black and white clothes for us? There are lots more here in other colours. They'll easily see that they're gone."
"I have to wear my own clothes. Anything else **would be** wrong. Only people from the castle **are allowed** to wear black and white. The **royal** family, their **counsellors** and the servants all wear **different patterns**. It'll be safer for you if you wear black and white when we go to the castle."
Tim konnte seine Neugier nicht mehr zügeln. "And you are ...?"
Zak richtete sich auf. "I am Zakkathir, son of Lord Jameth and Lady Belis, **heir** to the **throne** of Chesshire, which is the place and the world you are in at the moment."

servant Diener
choose wählen
would be wäre
are allowed dürfen
royal fürstliche
counsellors Berater
different unterschiedliche
patterns Muster
heir Erbe
throne Thron

Lord Zoar

Heir? Chesshire? Tim sah Zak einen Moment lang sprachlos an. “Oh” war alles, was er schließlich hervorbrachte.

Zak zuckte die Achseln. “Let’s rest here; it’s a few more hours until the sun **rises**.”

Er machte es sich zwischen einigen Decken gemütlich, die er von der Wäscheleine zog. Tim brannten hundert Fragen auf der Zunge, doch er folgte Zaks Beispiel, hüllte sich in eine Decke und setzte sich neben ihn.

“Do you want to know why it’s not smelly here?”, fragte Zak.

Es gab einiges, das Tim im Moment mehr interessiert hätte, aber für den Anfang war er auch mit dieser Frage einverstanden, deshalb nickte er. Doch seine Gedanken schweiften ab, während ihm Zak erklärte, weshalb es in diesem Teil des Gebäudes nicht stank und so schön warm war ... wegen irgendwelchen Pflanzen, die von Wärme produzierenden Pilzen besiedelt waren. Weshalb hatte Zak das Schachspiel gestohlen?, fragte sich Tim. Hatte er als Thronfolger dieses Landes nichts Besseres zu tun? Tim fand, dass er ein Recht darauf hatte, alles zu erfahren. Kaum hatte Zak seine Erklärung beendet, fragte er: “Why did you steal my chess set? Why was it in my world?”

rises aufgeht

Zak zwirbelte einen Deckenzipfel. “It’s a long story ...”

“We’ve got lots of time.”

"**Well**, I **suppose** you should know at least some of it." Zak musterte Tim. Eine lange Minute herrschte Schweigen, dann zuckte Zak mit den Schultern. "Oh, why not. I don't see how it'll hurt **anyone** if you know what's going on. **Unless**", seine Miene verdüsterte sich, "unless you're on Lord Zoar's side."
"I'm not", beeilte sich Tim zu versichern. "Why should I be? I don't know who he is."
"Because he knows how to send you back home."
Tim nagte an seiner Unterlippe. "Would he do it?"
"No, I don't think so. He would probably put you in a **dungeon** or kill you **immediately**."
"Kill me?" Tim riss die Augen auf.
"That would be easiest, **wouldn't it**?" Zak wickelte die Schachfiguren aus seinem feuchten Kleiderbündel und stellte sie auf den Boden. "Don't worry. I do**n't** think he knows that we're here **yet**. We'**ll meet** him tomorrow, but for the moment there's nothing to be afraid of."
"We'**re going to** meet him?"
"I must. But shouldn't I tell you the story from the **beginning**?"
Tim setzte sich in den Schneidersitz und zog die Decke enger um sich. "Okay, I'm ready."
"Well, to tell this story from the beginning, I should go back a few **hundred** years", sagte Zak. "But I think we

well nun
suppose vermute
anyone jemanden
unless es sei denn
dungeon Kerker
immediately sofort
wouldn't it? nicht wahr?
not yet noch nicht
will meet werden treffen
are going to werden
beginning Anfang
hundred hundert

can start in the year 378, when Lord Zoar and Lord Jameth **were born**."

"Just a moment", unterbrach Tim. "Lord Zoar is that old?" Er überschlug die Zahlen im Kopf. 378 ... das würde bedeuten, dass der Mann über 1600 Jahre alt war! Sicherlich lebten auch hier die Leute nicht ewig? Er hakte nach: "They're really more **than** a **thousand** years old?"

Zak warf ihm einen verwunderten Blick zu. "They're thirty-six years old, which is not that **young**, but it's not that old, either."

"Thirty-six? Oh. Okay." Eine Welt mit leuchtenden Bäumen und Dreckfressern richtete sich wohl kaum nach dem Gregorianischen Kalender.

Zak fuhr fort: "They are twins, Lord Jameth and Lord Zoar, but Lord Jameth is the **first-born**, and that's why he **was raised** as the heir to the throne of Chesshire."

"Wait a minute", unterbrach Tim. "This Lord Jameth – is he your father?"

"Yes, of course. Who else would I be talking about? And Lord Zoar is my uncle."

"I'm not **stupid**, you know", sagte Tim, "it's just that everything in your world is new to me. New and different. You would have the same problems in my world, not knowing **electricity** and computers and cars and TV."

were born geboren wurden
than als
thousand tausend
young jung
first-born Erstgeborene
was wurde
raised erzogen
stupid dumm
electricity Elektrizität

"You'**re right**. Maybe you can tell me more about these animals later?"
Tim lachte. "They're not animals. But you tell your story first."
"Right. Where was I?"
"Your father and uncle were born, and your father was raised as heir to the throne of Chesshire."
"That's right. Well, after a while **rumours** started to **spread** that Lord Zoar and not Lord Jameth was really the first-born son. Of course it was Lord Zoar who spread the rumours, because he hated being the **second** son. To be **honest**, maybe I would do the same."
"Why?", fragte Tim. "Is it fun being the heir?"

are right hast recht
rumours Gerüchte
spread sich verbreiten
second zweite
honest ehrlich
means bedeutet
stuff Zeug
politics Politik
reason Grund
trouble Ärger
sensible vernünftig
responsible verantwortungsvoll
power Macht
change ändern
things Sachen

"No." Zaks Gesicht bekam einen grimmigen Ausdruck. "Being the heir **means** having to study hours and hours of boring **stuff** like history and **politics**. But the second son has to study all this boring stuff too, and he knows he'll never need it again."
"That's no **reason** to make **trouble**", warf Tim ein.
"You sound like my father. **Sensible** and **responsible** – that's so boring! If you have **power**, it should be fun! I'm going to **change** lots of **things** when I'm in power."
Tim schluckte. Schon wieder jemand, der ihn für einen Langweiler hielt. Er zog die Decke enger um sich und

dachte an seinen Vater. Wenigstens der schätzte es, dass Tim so selbstständig und zuverlässig war. Wie sonst hätten sie nach dem Tod von Tims Mutter den Alltag regeln sollen? Da gab es niemanden, der die Wäsche erledigte oder kochte oder bei den Hausaufgaben half. Niemand hatte ihn gefragt, ob es Spaß machte, einen Tag um den anderen einfach nur irgendwie zu überleben. Aber er hatte es geschafft und schaffte es immer noch, und vielleicht war das ja auch etwas wert?

a lot of viel
came of age die Volljährigkeit erreichten
refused hat sich geweigert
disappear verschwinden
would have been wäre gewesen
had hatte
choices Möglichkeiten
on condition unter der Bedingung
spend verbringen
life Leben
rightful rechtmäßigen
decided hat sich entschieden

"Well, there was **a lot of** trouble between the brothers", fuhr Zak fort und unterbrach damit Tims Gedanken. "And when they **came of age** Lord Zoar **refused** to **disappear**, which **would have been** the best thing for him to do."

"He refused to disappear?" Nun hatte Zak wieder Tims volle Aufmerksamkeit. "What does that mean?"

"As a second son he **had** two **choices**. He could disappear, which means they would send him to one of the other worlds – yours, for example – **on condition** that he never come back. Or he could choose to stay, and swear to **spend** his **life** helping the **rightful** Lord."

"So Lord Zoar **decided** to stay?"

"Yes, and for a while it **seemed** to be **all right**. But then my grandfather died."
"I'm sorry to hear that", murmelte Tim.
"He was **quite** old and ready to go. But after his death Lord Zoar again **claimed** to be the first-born son. One night he and his **allies took over** and threw us in the dungeon."
"Us? Your **whole** family?"
"Yes – my father, Lord Jameth, my mother, Lady Belis, and my sister Jobis."
Und diesen Kerl wollte Zak morgen aufsuchen? Tim schauderte.
"The **worst** thing was that they **separated** my father and me from my mother and sister. I don't know what happened to them that night. We've **heard** nothing from them – not a word. My father **is** very **worried** about them."
Tim fröstelte. Er musste an die schrecklichen Tage denken, als seine Mutter nach dem Unfall auf der Intensivstation gelegen hatte. Sie hatten sich in sein Gedächtnis eingebrannt, und wenn er nicht sehr aufpasste, würde das Gefühl der Hilflosigkeit ihm wieder die Tränen in die Augen treiben. Besser, er konzentrierte sich auf Zaks Geschichte.
"What happened then?", fragte er.

seemed schien
all right in Ordnung
quite ziemlich
claimed hat behauptet
allies Verbündeten
took over haben die Macht übernommen
whole ganze
worst schlimmste
separated haben getrennt
have heard haben gehört
is worried macht sich Sorgen

"There was a **scandal**. People **called for** the magic chess set."

Tims Blick wanderte zu den Schachfiguren, die vor ihnen auf dem Boden standen. Für ihn sahen sie nach wie vor nicht magisch aus. Zwar waren sie kunstvoll geschnitzt, aus Stein und ziemlich alt, aber das machte sie noch lange nicht zu etwas Besonderem. Allerdings – diese Welt hier war seltsam, äußerst seltsam, und in den letzten Stunden war so viel geschehen, dass er es nicht mehr wagte, Magie als völlig unmöglich von der Hand zu weisen.

scandal Skandal
called for ... haben nach ... gerufen
connected to ... mit ... verbunden
time Mal
doubt Zweifel
decided entschieden
player Spieler
silly Dummkopf

"Our world is **connected to** this chess set", sagte Zak, "and there's lots to learn about it, at least that's what my teacher always told me. For you it's enough to now that every **time** there was **doubt** about who was the rightful heir of Chesshire, it was **decided** by playing with this chess set."

"And the better **player** was always the rightful heir?", fragte Tim. Doch er war ziemlich sicher, dass dem nicht so war.

"No, **silly**", erwiderte Zak. "You could easily decide that with any other chess set, too. The magic in these chessmen means the rightful heir will always win – for example, a child could win over a man, if the child is the heir and he follows the chessmen."

Tim war beeindruckt. Deshalb also waren diese Schachfiguren so wichtig. "So Lord Zoar **tried** to get rid of this chess set, and hide it in my world?"
"I suppose so. But then why would he try **to get** it **back**?", fragte Zak.
"I've no idea … What happened next?"
"One day the guards threw my teacher into our dungeon and brought me to Lord Zoar. He made a **deal** with me. If I brought him the chessmen, he would **release** my family."
"But of course you didn't believe him?"
"Of course I do! It's the only chance I have to **set** them **free** – don't you see?"
Tim starrte Zak ungläubig an. Erwartete Zak tatsächlich, dass Lord Zoar sein Versprechen halten würde?
"But ...", Tim suchte nach Worten. "But he'**ll betray** you! Why wouldn't he just take the chessmen and send you back to the dungeon?"
Zak runzelte unwillig die Stirn. "But there's no other choice, is there? I have to **trust** him."
"We could try to **rescue** your father", schlug Tim vor, "and –"
"**No way**", unterbrach ihn Zak schroff. "You have no idea what you're talking about. Nobody could rescue a **prisoner** from the dungeon. No," sagte er auf eine Weise, die

tried hat versucht
to get ... back ... zurückzubekommen
deal Abmachung
release freilassen
set free befreien
will betray wird verraten
trust vertrauen
rescue retten
No way. Auf keinen Fall.
prisoner Gefangenen

keinen Widerspruch duldete, “there is no other way.”
Tim schwieg. Die Lage war hoffnungslos. Gedankenverloren starrte er vor sich hin und schrak zusammen, als Zak ihm den Ellbogen in die Seite stieß.

shall sollen
rules Regeln
find out herausfinden

“What?”
“**Shall** we play a game of chess?”, fragte Zak.
“I don’t know. Maybe the **rules** aren’t the same in your world as they are in mine?”
Zak stand auf und ging zu einem der Tische. “Let’s **find out**. Are you a good chess player?” Er kramte in einer Schublade und holte ein Schachbrett und Schachfiguren heraus.
“Well ...” Tim zögerte. Zu Hause im Verein gehörte er zu den besseren Spielern. Er hatte sogar schon ein Turnier auf Landesebene gewonnen. Aber damals saß er nicht hungrig und erschöpft in einer Scheune und wartete auf einen Morgen, der gewiss Ärger bringen würde.
“Come on, let’s try.” Zak stellte die Schachfiguren auf das abgewetzte Brett. Dann nahm er einen schwarzen und einen weißen Bauern, versteckte beide hinter dem Rücken und streckte kurz darauf Tim seine Fäuste entgegen. “Choose.”
Tim deutete auf Zaks linke Faust. Die sich öffnenden Finger gaben den weißen Bauern frei.
“Me first?”, fragte Tim.
Zak nickte und stellte die Figuren zurück aufs Brett. “I think the way the chessmen move is probably the same

in your world, but **I'll tell** you anyway, just to be sure, okay?"

Tim nickte und versuchte, sich an die englischen Namen der Figuren zu erinnern. Queen und King, das war einfach, aber schon der Turm hieß Rook, der Springer war ein Knight, der Läufer ein Bishop und der Bauer ein Pawn. Wenigstens dieses Wort hatte er schon einmal gehört.

"What are you waiting for?", fragte Zak.

"Nothing", murmelte Tim und zog den Bauern, der vor seinem König stand, zwei Felder vorwärts. Mit diesem Zug hielt er sich alle Möglichkeiten offen, damit konnte er nichts falsch machen. Ohne zu zögern rückte Zak mit seinem Königsbauern ebenfalls zwei Felder nach vorn. Tim konterte, indem er seinen rechten Springer vor die Bauernreihe setzte, Zak tat es ihm gleich. Tim merkte, dass ihn das Spiel beruhigte. Wenigstens Schach war in dieser seltsamen Welt immer noch Schach. Und seine Strategie schien zu fruchten: Zak verlor Figur um Figur. Es dauerte aber keine fünf Minuten, bis Tim begriff, dass dies weniger an seinem eigenen guten Spiel lag als daran, dass Zak sich nicht konzentrierte. Tim hielt inne, um Zak zu rüffeln, doch dann schluckte er die Worte hinunter und spielte weiter. Ihm war eingefallen, wie er damals nach dem Unfall seiner Mutter Schach gespielt hatte. Ohne zu denken, volles Risiko, Spiel um Spiel. Solange er seine Gedanken und Finger beschäftigt hielt, konnte er ausblenden, was

will tell
werde sagen

ihn sonst zu einem Häufchen Elend hätte zusammenschrumpfen lassen.
Beinahe behutsam zog er seinen Turm neben die Dame. "Checkmate."
Zak starrte auf das Brett und nickte. "You're right. Checkmate. Let's play again."
Tim wusste nicht, wie viele Partien sie schweigend gespielt hatten, als Zak, die Augen gerötet und übernächtigt, die Figuren und das Schachbrett zusammenpackte und sagte: "The sun's rising. Let's go to the castle."
"I'm not sure that we should go there."
"I have no **choice**, but you do." Zak sah sich um. "You can stay here and wait."
"What will happen in the castle?"
"If Lord Zoar keeps his promise, he will release my family. After that my father can easily send you home. But if I end up in the dungeon ...", Zak verstaute die Figuren des magischen Schachspiels sorgfältig in seinem Hemd, "... you must hide. Stay in the laundry barn and wait for Labec. He is an honest man. He will help you find a place where you can live."

choice Wahl

Tim brachte die Worte kaum über seine Lippen. "How will I get back?"
"I'm sorry. I really am. But if things don't go well, there's no way back for you."
Tim hatte Mühe, aufzustehen. Seine Knie zitterten, in seinem Kopf rasten die Gedanken. Er sah seinen Vater vor sich: traurig, verhärmt, um Jahre gealtert.

Zak blickte ihn prüfend an. “**Are you all right?**”
Tim nickte. Es hatte keinen Sinn, darüber zu reden, was ihm durch den Kopf ging. Weder die Angst noch der Kummer wurden dadurch kleiner. Zak öffnete die Tür, doch als Tim ihm folgen wollte, hielt er ihn zurück. Verlegen schaute er zu Boden. “Thank you.”
“What for?”
Zak blickte zu dem Tisch, an dem sie eben noch gesessen und Schach gespielt hatten, und Tim verstand. Kummer und Angst konnte einem niemand nehmen, aber eine schwere Zeit gemeinsam durchzustehen, half. Zumindest Zak hatte es geholfen. Ob es auch ihm helfen konnte?

Are you all right?
Geht es dir gut?

Alone in Chesshire

Durch das Scheunenfenster beobachtete Tim, wie Zak die gepflasterte Straße entlang auf das Schloss zu wanderte. Er sah grüne Hügel, Felder und einen fernen Wald – so mochte es vor zweihundert Jahren auch bei ihm zu Hause ausgesehen haben, bevor es Autos und Überlandleitungen gab. Doch er war nicht zu Hause, leider.

Zak verschwand hinter einer Wegbiegung. Tim wandte sich ab und stieg die Treppe hinab in die Scheune. Beim Gedanken daran, was von den nächsten Stunden abhing, wurde ihm schlecht. Vielleicht lag es aber auch am Hunger. Oder am Gestank der Dirt Guzzler. Er ging zu dem Gehege der kleinen Tierchen, die aufgewacht waren und fiepend übereinanderkrabbelten. Sie sahen putzig aus, doch er hütete sich, eines von ihnen in die Hand zu nehmen. Er beobachtete einen besonders dicken Guzzler, der mit energischen Nasenstübern die anderen beiseite drängte, sich genüsslich streckte und sein Bauchfell am Steinboden schubberte. Tim kam eine Idee: Wäre es nicht genial, die steinernen Schachfiguren bei den Dirt Guzzlern zu verstecken, dann mit Lord Zoar zu verhandeln und ihm das Versteck erst zu verraten, wenn er Zaks Familie freigelassen hatte? Weshalb nur war ihm das nicht früher eingefallen!

alone allein

Er rannte zurück zur Trockenkammer, wo er neben der Tür mehrere Paar Schuhe gesehen hatte. Erleichtert

stellte er fest, dass eines davon ihm halbwegs passte. Er nahm das als gutes Omen, durchquerte erneut die Scheune und öffnete das Tor. Zak war noch nicht lange fort, vielleicht konnte er ihn einholen!
Die Sonne blendete ihn, und er schrak zusammen, als vor ihm plötzlich ein Schatten auftauchte und eine Stimme sagte: "What's this? A visitor from the castle? So early in the morning?"
Tim kniff die Augen zusammen und sah in das bärtige Gesicht eines großen, kräftigen Mannes. Er trug sein Hemd lose über den Kniehosen und ein Stirnband hielt ihm das schulterlange Haar aus dem Gesicht. Noch während Tim überlegte, was er antworten sollte, schob ihn der Mann beiseite. "You know, it's **rude** not to **answer** a question. **For that** I should **drown** you in the **laundry tub**." Er ballte die Faust und ließ die Fingergelenke knacken.
Tim wich zurück. "I'm sorry."
"You should be", sagte eine ältere Frau in einem bodenlangen, geschnürten Kleid, die zu ihnen trat. "Labec doesn't like it when boys **sneak into** the laundry barn and do things they shouldn't."
Labec? War dieser grimmige Mensch der Labec, den er um Hilfe bitten sollte, wenn Zaks Plan schiefging? Tim brachte mehr Abstand zwischen sich und den Mann. Der musterte ihn skeptisch und sagte: "I've never **for-**

rude unhöflich
answer beantworten
for that dafür
drown ertränken
laundry tub Waschbottich
sneak into ... in ... hineinschleichen
have forgotten habe vergessen

gotten a face in my life, but I don't **remember** yours. You're a servant at the castle?"

Tim nickte. Ob er schneller laufen konnte als dieser Labec? Im Moment war er nicht einmal sicher, dass seine Beine ihn auch nur zwei Schritte tragen würden.

Die Frau zupfte Labec am Ärmel. "Maybe he just brought the dirty laundry. They always send the new ones with it, because for that you don't need to be clever, you just need **muscles**."

remember erinnere mich
muscles Muskeln
inside hinein
the earlier ... the earlier je früher ... desto eher
will finish fertig sein werden

"Muscles?" Labecs Mundwinkel zuckten verdächtig. "What's wrong with your eyes, woman? This boy has no more muscles than a baby."

"Well, in a month he will, don't worry. Let's go **inside**. **The earlier** we start, **the earlier** we'll **finish**."

Sie öffnete das Tor und zwinkerte Tim zu. Dann verwickelte sie Labec in ein Gespräch und ging mit ihm in die Scheune.

Tim stieß die Luft aus. Er musste Zak finden, bevor er Lord Zoar die Schachfiguren überreichen konnte. Denn dass Labec ihm im Katastrophenfall helfen würde, das war wohl so unwahrscheinlich, wie in einem Teller Nudelsuppe einen Klumpen Gold zu finden.

Tim erreichte die Straße. Schneller und schneller ging er, ignorierte das einsetzende Seitenstechen, achtete nicht auf seinen knurrenden Magen und hielt Ausschau nach einem schwarz-weiß gekleideten Jungen. Er konnte jedoch nicht weiter sehen als bis zur nächsten Hügelkuppe, und als er die erklommen hatte, trennte ihn eine weitere von einer guten Sicht. Tim hörte nicht auf die innere Stimme, die ihm zuflüsterte, dass sowieso alles verloren sei, und zwang sich, weiterzugehen.

Als er endlich einen Blick in das vor ihm liegende Tal werfen konnte, stockte ihm der Atem. Es war jedoch weder das Schloss noch die Landschaft, die seine Aufmerksamkeit fesselten. Wenige Schritte von ihm entfernt versperrten Soldaten die Straße. Sie trugen schwarze Helme und schwarze Brustpanzer aus Metall. Die Ärmel ihrer Hemden waren weiß, genau wie ihre Hosen, die mit schwarzen Bändern eng an die Waden gewickelt waren. In den Händen hielten sie Speere und Schilder, und sie scharten sich um etwas, das auf der Straße lag. Wortfetzen drangen an Tims Ohr.

"You shouldn't have done ..."

"I had **orders** ..."

"Anyway, he's ..."

"... not **serious** ..."

Tim erstarrte. Was sollte er tun? Sich verstecken? Oder war es vielleicht möglich –

Einer der Soldaten blickte auf. "Come here!"

Langsam ging Tim näher. Der Kreis der Soldaten öffnete sich, und er konnte sehen, was vor ihnen auf der Straße lag. Es war Zak. Er regte sich nicht, sein Gesicht hatte etliche Schrammen.

Einer der Soldaten kniete neben ihm. "It's his own **fault**. If he'd come with us quietly, nothing would have happened to him."

orders Befehle
serious ernsthaft
fault Schuld

"Lord Zoar **will be pleased** that we **caught** him", sagte ein anderer und hielt seine Wasserflasche über Zak. Als der Wasserstrahl ihn traf, begann Zak zu husten und versuchte sich aufzurichten. Der Soldat grinste. "See, this always works if somebody's too tired in the morning."
Die andern lachten. Einer der Männer stieß Tim grob in den Rücken. Er landete unsanft auf allen vieren.

will be pleased wird sich freuen
caught erwischt haben
Get up. Aufstehen.
thought dachte
did they hit haben sie geschlagen

"Go and help him."
Tim kroch zu Zak hinüber. "Are you all right?", fragte er.
"No." Zak rollte zur Seite und hielt sich den Kopf.
Ein Soldat tippte ihn mit der Stiefelspitze an. "This is not the time or the place for sleeping. **Get up.**"
Zak öffnete die Augen und sah Tim ins Gesicht. "What are you doing here? I **thought** –"
"Don't think", unterbrach der Soldat, der ihnen am nächsten stand. "On your feet, boy."
Tim schob seinen Arm unter Zaks Rücken und half ihm, sich hinzusetzen. "What happened?", flüsterte Tim. "**Did they hit** you?"
Zak antwortete nicht, sondern schloss die Augen und atmete tief ein. Er war blass und kleine Schweißtröpfchen traten ihm auf die Stirn.
"Get up!", sagte der Soldat mit der Wasserflasche. "We've waited long enough now."
"Please, give him time", bat Tim, bereute es jedoch sofort. Einer der Soldaten packte ihn unsanft am Kragen.

"Who are you to tell us what to do? You'**ll be in big trouble** if he's not **standing** before I **count** to ten. One, two, three ..." Er ließ ihn los, und Tim beeilte sich, Zak auf die Beine zu ziehen. Zak klammerte sich an seinen Arm. Er konnte nur mit Mühe stehen.

"When Lord Jameth is in power again, you will pay for that", sagte er zu dem Soldaten. "It is a scandal that the **bishops** of the castle **carry out** this order."

"The bishops of the castle follow the orders of their Lord. Lord Zoar said that we should find you, and that's what we did", fügte der Soldat mit einem zufriedenen Lächeln hinzu. Er wandte sich an Tim. "To the castle. Now."

Tim legte seinen Arm um Zak. "What's wrong with you?", flüsterte er.

"I have a **terrible** headache. And my eyes **are playing tricks on me**."

Tim musste an seinen Fahrradunfall vor einigen Jahren denken. Er hatte die Kontrolle über sein Rad verloren und war Hals über Kopf in einem Graben gelandet. Im Krankenhaus hatte man ihm erklärt, dass es durchaus üblich war, doppelt zu sehen, wenn man eine Gehirnerschütterung hatte.

Die Soldaten legten ein schnelles Tempo vor. Tim hatte Mühe, Schritt zu halten, denn Zak stützte sich schwer auf ihn. Hoffentlich war es nicht mehr allzu weit bis

will be in big trouble kriegst eine Menge Ärger
is standing steht
count zähle
bishops hier: Läufer
carry out führen aus
terrible furchtbare
are playing tricks on me spielen mir Streiche

zum Schloss. Er sah es auf dem Hügel, doch die Straße wand sich durch die Felder und Wiesen, als ob ihr Erbauer den Ehrgeiz gehabt hätte, sie keine hundert Meter geradeaus verlaufen zu lassen. Die mächtigen Ecktürme des Schlosses ragten in den Himmel, hinter den Zinnen der Mauer reflektierte etwas das Sonnenlicht.
Zweimal hielten sie an, weil Zak sich übergeben musste, und Tim fragte sich, wie er in diesem Zustand Lord Zoar die Stirn bieten wollte. Er konnte die Schachfiguren spüren, die Zak noch immer in seinem Hemd verborgen hielt. Wenn es nur eine Möglichkeit gäbe, sie unbemerkt in seinen Besitz zu bringen! Tim dachte nach, doch sein Hirn ließ sich keinen Plan abzwingen, und als die Mauern des Schlosses schließlich drohend über ihnen aufragten, hatte er noch immer keine Idee, die ihnen den Hauch einer Chance verschaffen konnte.
Sie hatten die Zugbrücke kaum betreten, als ihnen aus dem Schatten des Torbogens vier Männer entgegentraten. Sie trugen dieselbe Uniform wie die Soldaten, die Tim und Zak gefangen genommen hatten. Dennoch sahen sie die Ankömmlinge grimmig an.
"**Password**?"
"You know very well who we are", entgegnete der Soldat, der Zak mit Wasser begossen hatte, mürrisch und spuckte in den Wassergraben.
Der Torwächter verzog keine Miene.
"Lord Zoar's orders are –"
"All right, all right! Today's password is: Catch the **traitor** Zakkathir."

password Passwort
traitor Verräter

Augenblicklich traten die Wachen beiseite und gaben eine kleine Tür frei, die in das Tor eingelassen war.
"That's strange", flüsterte Zak, als Tim und er sich hindurchzwängten. "Usually we only close the **gate** at night. What's Lord Zoar afraid of?"
"No idea", antwortete Tim, "but listen: you have to give me the ... the things ... you know ..."
Er sah sich vorsichtig um. Die Soldaten waren zu nah, als dass er sich getraut hätte, offen von den Schachfiguren zu sprechen. Aber das war vielleicht seine letzte Chance. Er zog Zak noch näher an sich heran. "Give me the –"
"Oi, stop talking!" Der Soldat hinter ihnen packte Tim am Kragen und schüttelte ihn. "Get lost."
Tim klammerte sich an Zak. "What?"
"We do**n't** need you **any more**. But somebody in this castle is sure to **miss** you if you don't go back to **work**."
"Oh", stammelte Tim, "oh, yes, that ... erm ..."
"Don't **waste** my time." Ungeduldig schob der Soldat Tim beiseite und packte Zak am Arm. "Come on, Lord Zoar is waiting."
Zak versuchte sich loszureißen, aber es gelang ihm nicht. Der Soldat drehte ihm den Arm auf den Rücken und stieß ihn vorwärts. Die anderen folgten, und bald stand Tim allein in dem steinernen Durchgang, das Tor im Rücken und eine unbekannte Welt vor sich.

gate Tor
not any more nicht mehr
miss vermissen
work Arbeit
waste verschwende

Er schlich den leise werdenden Schritten der Soldaten nach und gelangte auf einen belebten Innenhof. Was er sah, erinnerte ihn an ein Kinderbuch, das in seinem Bücherregal stand. *Alltag in der Ritterburg* hieß es, und das dort abgebildete Schloss hatte einen ähnlichen Hof gehabt. Da gab es jemanden, der ein Pferd über den Hof führte. Frauen trugen schwere Körbe. Ein Mann lud Holz von einem Karren, und ein Mädchen versuchte, ein Huhn einzufangen. Zwei Jungen saßen in einer Mauernische und spielten versunken eine Partie Schach. Allerdings gab es auch einiges, das Tim äußerst merkwürdig vorkam. Zum Beispiel der Junge mit dem Knüppel, der neben einem Bottich stand und kräftig zuschlug, sobald sich etwas, das aussah wie schimmliger Tapetenkleister, über den Kübelrand schob. Oder das schwebende blass lila Wölkchen, das vor einem der Fenster hing. Tim hätte nicht sagen können, ob es sich dabei um Schmetterlinge handelte, die wie Blumen aussahen, oder ob es tatsächlich Blumen waren, die in der Luft schwebten.
Alle hier schienen zielstrebig und emsig einer Aufgabe nachzugehen. Doch als die Soldaten Zak über den Hof zerrten, hielten die Menschen inne und schauten betreten zu Boden. Tim ballte die Fäuste. Weshalb kam niemand Zak zu Hilfe? Gemeinsam wären sie doch stärker als die paar Soldaten, die ihn in Schach hielten!
Die Truppe um Zak erreichte das Schlossportal, und die Schlosswache trat beiseite, um sie durchzulassen. Tim fasste sich ein Herz und ging in den Hof. Er durfte

Zak nicht aus den Augen verlieren, er musste wissen, wohin sie ihn brachten. Vielleicht gab es doch noch eine Möglichkeit, an die Schachfiguren zu kommen, bevor sie Lord Zoar in die Finger fielen.

"There you are!"

Die Frauenstimme trompetete so laut in Tims Ohr, dass er erschrocken zurückprallte.

"You must be Thirom's son, am I right? Did you sleep well? The first **dream** in a new place is very important. You look **as if** yours was not a good one."

dream Traum
as if als ob
will show werde zeigen
urgent business etwas Dringendes zu erledigen
Mistress Herrin
call nennen
train ausbilden

Die Frau, die ihn mit ihrem Redeschwall förmlich überrollte, war kaum größer als Tim, aber unglaublich dick. Sie stemmte die Hände in die Hüften und musterte ihn, als sei er ein besonders mickrig geratenes Brathähnchen, das ihr ein zwielichtiger Händler zum Verkauf anbot.

"Well, come with me, I'**ll show** you the kitchen."

Tim warf einen Blick zum Schlossportal. Zak war nicht mehr zu sehen.

"I'm sorry", sagte er, "but this is a mistake. I'm not who you think I am. And I have some **urgent business**. Excuse me."

Er schaffte genau zwei Schritte, bevor ihre Hand ihn im Genick packte. "I'm Shoba, **Mistress** of the House, and that is what you will **call** me: Mistress Shoba." Sie schüttelte ihn leicht. "I said I would **train** you, and anyone I train **will behave** well, work with a **smile** on his face, and be clean and **tidy**. **Have** I **made myself clear**?"

will behave wird sich benehmen
smile Lächeln
tidy ordentlich
have made myself clear habe mich klar ausgedrückt
will cheer up wird aufmuntern
will get on werden miteinander auskommen

Tim wünschte, der Kragen seines Hemdes würde ihm nicht die Luft abschnüren. "Yes", krächzte er, "yes, Mistress ... Mistress ..."

"Shoba." Sie lockerte ihren Griff. "It's Mistress Shoba. Do you think a nice breakfast **will cheer** you **up**?"

"Breakfast?" Als wäre es das Stichwort gewesen, gab sein Magen ein kräftiges Grummeln von sich.

Mistress Shoba lachte, dass ihr Doppelkinn wackelte. "I think we**'ll get on** quite well. Let's go to the kitchen."

Tim nickte. Zak konnte er nicht mehr einholen. Und was war gegen ein Frühstück einzuwenden?

Kitchen Boy Forever

Er folgte Mistress Shoba in eine Schlossküche mit gewölbten Decken und einem großen, offenen Kamin, in dem man bequem ein Auto hätte parken können. Es gab Herde, auf denen so riesige Töpfe standen, dass es sicherlich zwei Leute brauchte, um sie zu bewegen. An mehreren Tischen schälten Frauen kartoffelähnliche Knollen. Die Frauen trugen schwarze Kleider, weiße Schürzen und eine weiße Haube auf dem Kopf, genau wie Mistress Shoba. Und doch sah die Tracht an Mistress Shoba um einiges vornehmer aus. Einige Jungen schleppten Eimer herbei, in denen sich ungeschälte Knollen befanden. Tim begriff, weshalb Mistress Shoba ihn mit in die Küche genommen hatte: Er trug genau dieselben Kleider wie diese Jungen.
Mistress Shoba durchquerte zielstrebig die Küche und kümmerte sich nicht um die neugierigen Blicke, die ihnen folgten. Tim jedoch stieg die Hitze in die Wangen. Er mochte es nicht, so angestarrt zu werden, und suchte hinter Mistress Shoba Deckung. Sie ging zu einem Wandschrank und holte ein Brot heraus. "Of course you're too late for breakfast, and usually that means you have to wait until lunch before you get something to eat. But it's your first day, so we'll make an **exception**." Sie säbelte eine Scheibe Brot vom Laib und drückte sie ihm in die Hand.

kitchen boy Küchenjunge
forever für immer
exception Ausnahme

Tim zwang sich, das Brot langsam zu essen, doch nach dem letzten Bissen war er längst noch nicht satt.
Mistress Shoba sah ihn abwägend an, dann deutete sie auf einen Stuhl. "Sit down. It looks **like** you're **still** hungry."
Bald schon stand ein Becher Milch vor ihm und eine Schüssel mit dampfendem Haferbrei, der nach Zimt roch. Mistress Shoba legte noch einige getrocknete Apfelringe dazu. "The first breakfast in a new place should be sweet."
Tim hatte den Mund voll und konnte nur nicken, aber Mistress Shoba schien gar nicht mehr von ihm zu erwarten. Während sie mit ihm plauderte, entging ihren flinken Augen nichts, was sich in der großen Küche abspielte. Kaum hatte er den letzten Bissen gegessen, erhob sie sich und winkte einen großen, rothaarigen Jungen zu sich heran. Als er näher kam, sah Tim, dass sein Gesicht voller Sommersprossen war.

like als ob
still immer noch
dear mein Lieber
will take wird bringen
stir rühren
instead stattdessen

"Molph, this is ... what's your name, **dear**?"
"Tim."
Sie schüttelte den Kopf. "Tim? Some parents give their children the strangest names. Well, Tim, this is Molph, and he **will take** you to the cellar to **stir** the ..."
"Oh, please, Mistress Shoba", unterbrach sie der rothaarige Junge, "I did it yesterday. Maybe somebody else can do it today? I'll show him the castle **instead**!"

“Stop it! He’ll see enough of the castle **in the next few** years, and you know very well why it’s your **task to take care of** the **pots** this week.”
Molph zog eine Grimasse, widersprach jedoch nicht, was Mistress Shoba mit einem zufriedenen Lächeln quittierte. “**Off you go.** Maybe you should tell Tim why you’**re on cellar duty**?”
Sie tätschelte Tims Arm und ging zu einer Gruppe Frauen hinüber, die Berge von Gemüse klein schnitten, das aussah wie zu groß geratene Kastanien.
“Come on”, sagte Molph mürrisch und wandte sich ab.
Tim eilte ihm hinterher. “What is it you’re supposed to tell me?”
Der Junge zog die Küchentür hinter sich ins Schloss, bevor er antwortete. “Mistress Shoba **expects** a lot of us. We aren’t allowed to take breaks when there’s work to do, and we aren’t allowed to sneak out of the castle. We mustn’t steal food or sell her **kitchen knives**. She **gets** very angry about stupid things like that. That’s why I ended up in the cellar this week. **Unfair**, isn’t it?”
“Well ...” Tim wusste nicht recht, was er sagen sollte. Eigentlich hätte er Mistress Shoba in einigen Punkten durchaus zugestimmt. Aber das behielt er besser für sich.
Molph sah ihn von der Seite an. “What about you? Why have you been sent to work in the kitchen?”

in the next few in den kommenden
task Aufgabe
to take care of aufzupassen auf
pots Töpfe
Off you go. Los mit euch!
are on cellar duty Kellerdienst hast
expects erwartet
kitchen knives Küchenmesser
gets wird
unfair ungerecht

"Me? Oh ... I ... I ..." Tim verstummte. Ihm fiel keine geeignete Lüge ein.
Molph grinste wissend. "Ah, you don't trust me. But you can, don't worry. The kitchen boys **stick together**. I think we'll get on fine, **though** I have to say that I didn't think that when I first **saw** you. You looked like a **goody-goody**."
Es war kaum zu ertragen. Hatte ihm jemand das Wort Langweiler auf die Stirn tätowiert, oder weshalb kamen alle immer wieder zum selben Schluss? Tim brütete finster vor sich hin und achtete kaum darauf, wohin sie gingen, doch als Molph eine Wendeltreppe nach oben stieg, blieb er stehen.

stick together halten zusammen
though obwohl
saw gesehen habe
goody-goody Musterjunge
whose wessen
carefully vorsichtig
once einmal

Der Junge blickte sich nach ihm um. "What?"
"The cellar's not upstairs, is it?"
"Clever boy."
"So where are we going? Mistress Shoba –"
Mit einem Satz war Molph neben Tim. "**Whose** side are you on? Mistress Shoba's or the kitchen boys'? Choose now, and choose **carefully**. **Once** it's decided, it's decided. Understand?"
Tims Herz raste. Molph war einen Kopf größer als er und sah plötzlich ziemlich einschüchternd aus.
"Sure", stammelte Tim. "Don't worry, I was just **curious**. It's no problem, really."
Molph trat einen Schritt zurück. "Kitchen boy forever?"

"Forever?"
Molph lachte. "You really are stupid, aren't you? None of us is going to spend his whole life in this kitchen. All I want to know is whether you're on our side, and whether our **secrets** are safe with you."
Tim entspannte sich. "Don't worry. I can keep secrets forever."
Er hielt Molphs prüfendem Blick stand und war erleichtert, als der ältere Junge schließlich nickte. "Okay, I believe you. Let's hurry; we'**ll miss** everything if we stay here **much** longer."
Tim stieg hinter Molph die Treppe hoch. Im nächsten Stockwerk eilten sie über einen Flur, dessen dunkle und helle Hölzer ihn wie ein lang gezogenes Schachbrett aussehen ließen. Auf einigen Feldern waren aufwändig Figuren mit andersfarbigem Holz eingelegt. Tim blieb stehen und betrachtete einen schwarzen König genauer. "What's this? It looks like there's a name next to this king."
"Yes, can you read it? It's 'Lord Sapproath'. I know that because I **spent** one whole afternoon of my life cleaning this floor."
"Who is Lord Sapproath?"
"He lived years ago. I don't think anyone remembers him any more. But this was the **position** of the chessmen when he **won** an important game."

curious neugierig
secrets Geheimnisse
will miss werden verpassen
much viel
spent habe verbracht
position Aufstellung
won gewonnen hat

Tim hätte die Aufstellung der Figuren gerne studiert, aber Molph zog ihn weiter. "We have to hurry, otherwise we'll miss the **hearing**."

"What hearing?"

"You'll find out, if we hurry."

Tim beeilte sich, Molph einzuholen, der schon einige Schritte voraus war. Vor einem quadratischen Eisengitter, das in Kniehöhe in die Wand eingelassen war, blieb Molph stehen. "This is our first secret. **Promise** that you'll never tell **anyone**."

Tim nickte, und nach einem prüfenden Blick über den Flur hob Molph das Gitter aus seiner Fassung. "In winter we **heat** the castle through these **tunnels**, but during the rest of the year it's great for **spying** on people. You go first."

hearing Vernehmung
promise versprich mir
(not) anyone niemandem
heat heizen
tunnels Tunnel
spying spionieren

Tim kniete nieder und sah einen dunklen Tunnel vor sich. Ganz wohl war ihm nicht bei dem Gedanken, hineinzukriechen. Was, wenn sich Molph einen Spaß mit ihm erlaubte und das Gitter hinter ihm verschloss? Er verdrängte seine Angst und steckte den Kopf in den Tunnel.

Molph zerrte an seinem Hemd. "Stop! Feet first."

"Feet first?"

"Yes, and hurry!"

Tim ließ sich auf alle viere nieder und schob umständlich ein Bein in das Loch. Molph stöhnte ungeduldig. "A girl could do this better than you!"

Nun, jedes Mädchen sicher nicht, aber Tim fielen auf Anhieb fünf ein, die den Einstieg in einen solchen Tunnel problemlos gemeistert hätten. “Sorry. Why don’t you go and I’ll stay here and wait for you?”

“Get up! And **turn around**.”

Beschämt rappelte sich Tim auf und vermied es, Molph anzuschauen. Er spürte dessen kräftige Arme um seine Taille. “**Lift** your feet.”

Tim gehorchte, und ohne viel Federlesens steckte Molph ihn, die Füße voran, in den Tunnel.

“Hurry! **Roll** onto your **stomach** and move.”

Es war eng, doch es gelang Tim, sich auf den Bauch zu drehen und rückwärts in den Tunnel zu robben. Die Luft roch stickig und er konnte nichts sehen.

“Be careful”, flüsterte Molph, “the tunnel **ends** in a **pit**.”

Er hatte den Satz noch nicht beendet, als Tim spürte, dass seine Beine keinen Halt mehr fanden. Er presste beide Hände gegen die Steinwände und verdrängte den Gedanken, er könnte über einem bodenlosen Abgrund hängen.

Turn around. Dreh dich um.
lift hebe
roll rolle
stomach Bauch
ends endet
pit Grube

“There’s a ladder on the wall next to you”, raunte Molph. “You can reach it with your foot.”

Tim tastete mit seinem Fuß über die Schachtwand. Tatsächlich, da war eine Querstange, und etwas weiter unten noch eine. Vorsichtig glitt er tiefer, bis seine Hände ebenfalls an kaltem Metall Halt fanden. Meter um Meter stiegen sie hinab, Seitentunnel ignorierend, die Tim in der Dunkelheit nur ahnen konnte. Ob diese Tunnel von irgendwelchen Tieren bewohnt waren? Vielleicht gab es auch in dieser Welt Ratten? Ein Schauder lief ihm über den Rücken, und er war froh, als sein Fuß statt auf eine weitere Sprosse auf festen Boden stieß.

ground Boden
turn biege ab
narrow enger
squeeze in dich hineinzwängen
sideways seitwärts

"What now?" Molphs Schuh traf ihn hart an der Schulter. "Ow! That hurts!"

"Sorry, I didn't think you'd already reached the **ground**. Okay, **turn** right. There's a **narrow** but high tunnel; you can **squeeze in** if you go **sideways**."

Tim rieb sich die schmerzende Stelle und tastete nach der Öffnung. "Maybe next time you should go first."

Molph drängte sich neben ihn. "Next time you'll know the way. Now, listen: we have to move very quietly. And we have to stop talking or they'll hear us." Er gab Tim einen Stoß. Tim prallte gegen eine Wand. Er begnügte sich damit, Molph nur in Gedanken zu beschimpfen, und schob sich seitwärts in den engen Gang. Schon nach wenigen Schritten wurde es heller. Das Licht fiel durch ein Gitter, das so groß war, dass Tim durch die verschnörkelten Verzierungen hindurch in den dahinterliegenden Raum sehen konnte. Molph hielt ihn am Ärmel fest – also hatten sie das Ziel ihrer Expedition erreicht?

Der Saal hinter dem Gitter war prunkvoller als alles, was Tim bislang vom Schloss gesehen hatte. An den

Wänden hingen Bilder so groß wie Fußballtore. Der Boden bestand aus schwarzen und weißen Marmorplatten, die in der Mitte des Saals zu einem verschlungenen Muster verlegt waren. Doch weder den kunstvollen Wandbehängen noch den Bodenmosaiken schenkte Tim mehr als einen flüchtigen Blick. Seine Aufmerksamkeit galt dem Grüppchen Menschen in der Mitte des Raumes. Es waren Soldaten, und bei ihnen stand Zak. Tim konnte sein Gesicht nicht sehen, denn Zak starrte zu Boden. Sie hatten ihm die Hände auf den Rücken gefesselt, sein Hemd war zerrissen. Tim versuchte zu erkennen, ob er durch die Risse vielleicht sein blaues Schlafanzugoberteil sehen konnte, in das Zak die Schachfiguren eingewickelt hatte, doch ein Soldat trat vor und versperrte ihm die Sicht. Auch die anderen Soldaten veränderten ihre Position, und wenige Sekunden später standen sie ordentlich aufgereiht und in strammer Haltung um Zak herum.
Die Flügeltüren des Saales wurden aufgestoßen und ein Gardist verkündete: “Lord Zoar.”
Tim drückte sein Gesicht gegen das Gitter, um besser sehen zu können, doch Molph zog ihn zurück. Sein Mund formte lautlos die Worte: “They'll see you!” Tim nickte, er hatte verstanden.
Lord Zoar durchquerte den Saal, ohne die Anwesenden auch nur eines Blick zu würdigen, und setzte sich auf einen thronähnlichen Sessel, der an der Stirnseite des Raumes stand. Wie die anderen Schloßbewohner trug er schwarze und weiße Kleider. Doch ein großer Spitzen-

kragen und ein seidig glänzender Mantel ließen ihn vornehmer erscheinen als alle anderen. Die Haare fielen ihm locker auf die Schulter, und Tim war überrascht, wie jung er aussah.

Mit Lord Zoar waren einige andere Männer in den Saal gekommen, die sich jetzt zu beiden Seiten des Thrones aufstellten. Nachlässig streckte Lord Zoar eine Hand aus, und ein rundlicher Mann beeilte sich, ihm eine Papierrolle zu überreichen. "This is the **document** you asked for, my lord."

Lord Zoar entrollte das Papier und überflog dessen Inhalt. "Thank you, **Chamberlain**. This is exactly what we need, but it hurts me **deeply** that I must **pass judgement on** my own dear **nephew**. **Announce** the **crime**."

Zak hob den Kopf. "What?"

"**Silence!**", zürnte der Kämmerer. "Zakkathir ..."

"Set me free immediately!", forderte Zak und machte einen Schritt vorwärts. Sofort versperrten ihm zwei Soldaten mit ihren Lanzen den Weg, während ein weiterer hinter ihn trat und ihn festhielt. Zak versuchte sich loszureißen. "Let me go! You can't **treat** me like this. Don't you know who I am?"

Der Soldat, der hinter Zak stand, riss ihm die Arme nach hinten, und Zak krümmte sich vor Schmerzen. Der Kämmerer fuhr fort, als hätte es keine

document Dokument
chamberlain Kämmerer
deeply zutiefst
pass judgement on ein Urteil fällen über
nephew Neffen
announce verkünden Sie
crime Straftat
Silence! Ruhe!
treat behandeln

Unterbrechung gegeben: "Zakkathir, son of Lord Jameth and Lady Belis, you are **accused** of a serious crime. **Do you confess** that you **have stolen** important **property** of Chesshire?"

Zak richtete sich auf; sein Gesicht war rot, ob vor Schmerz oder vor Zorn, konnte Tim nicht sagen. "I'll answer to Lord Zoar but not to you."

Der Kämmerer warf Lord Zoar einen fragenden Blick zu. Der runzelte die Stirn, dann nickte er und sagte: "Well, Zak, if this is what you want, all right. Let me say again how sorry I am to see you like this. I love you like my own child, but I have to **set** these **feelings aside**. As Lord of Chesshire I must now pass judgement on you. Zak, you are accused of being a **thief**."

"A thief?", rief Zak. "Look who's talking! Who betrayed his brother and **stole** everything from him? And what is it that I've stolen? Tell me."

"I will", antwortete Lord Zoar, und Tim hätte schwören können, dass einen Moment lang ein triumphierendes Lächeln über das Gesicht des Mannes huschte. "You have stolen the magic chess board and the magic chessmen. This is a serious crime, one of the worst crimes in Chesshire. For that you'll end up in the dungeon for the rest of your life. Or, if you prefer, we could **sentence** you to death." Lord Zoar hielt inne, um seinen Worten

accused angeklagt
do you confess gestehst du
have stolen gestohlen hast
property Eigentum
feelings Gefühle
set aside nicht beachten
thief Dieb
stole hat gestohlen
sentence verurteilen

Nachdruck zu verleihen. Als ob das nötig gewesen wäre! Es gab keinen im Saal, der nicht an seinen Lippen hing.

“And why did you do this terrible thing?”, fuhr Lord Zoar fort. “So that there would not be a **fair** game, of course. A game I could win to **prove** that I am the rightful heir of Chesshire.”

Zak stand wie vom Donner gerührt. “I never ... That’s a **lie**! You **asked** me to go and get the chessboard! You sent me to that strange place, and it’s not my fault that I **came back** late. You promised –”

“That’s enough”, unterbrach ihn Lord Zoar. “Just answer my question: do you have the magic treasure or not?”

“You promised to release my family if I brought what you wanted. Be an honest man and keep your promise.”

Lord Zoar gab den Soldaten einen Wink. “**Search** him.”

Tim spürte eine Hand an seiner Schulter und zuckte zusammen. Es war Molph, der ihn erneut vom Gitter wegzog. “Stay back!” Molphs Stimme war nicht mehr als ein Hauch, doch der Tumult im Thronsaal hätte ihn auch übertönt, wenn er lauter gesprochen hätte.

Zwei Soldaten hielten Zak fest, während ein dritter sein Hemd zerriss. Tim kannte die Schimpfworte nicht, die Zak seinem Onkel entgegenschleuderte, doch sie klangen in seinen Ohren wie Todesdrohungen. Die erste

fair gerechtes
prove beweisen
lie Lüge
asked hast gebeten
came back zurückgekommen bin
search durchsucht

Figur fiel zu Boden. Zak trat dem Soldaten, der danach griff, auf die Finger, was diesen fluchend innehalten ließ. Doch trotz aller Gegenwehr dauerte es nur wenige Augenblicke, bis die Schachfiguren neben Lord Zoar auf einem Silbertablett standen. Er nahm den schwarzen König in die Hand und hielt ihn in die Höhe. "There's no doubt: this is the Chesshire treasure, and Zakkathir, son of Jameth and Belis, tried to steal it."
"No!" Nur mit Mühe konnten die Soldaten Zak festhalten, der sich auf Lord Zoar stürzen wollte. "Liar! You promised! Uncle!"
"**Calm down**", sagte Lord Zoar ungerührt. "You are just making things worse. It would be better for you if you would just tell me where you **have hidden** the magic chessboard."
Zak schwieg. Lord Zoar wartete einige Augenblicke, dann gab er den Soldaten einen Wink. "Take him to the dungeon!"

Calm down. Beruhige dich.
have hidden versteckt hast
guilty schuldig
I'm afraid ich fürchte

Sie schleppten Zak aus dem Saal, und die Stille, die sich nun ausbreitete, legte sich wie ein Mantel aus Blei auf Tims Brustkorb und machte ihm das Atmen schwer.
Der Kämmerer sah Lord Zoar an. "My lord?"
"Yes, Chamberlain, he's **guilty**. **I'm afraid** there's no doubt about that." Er wandte sich an die anderen Männer im Saal. "We'll meet again, but for now I am sure you'll understand that I need to rest."
Die Männer verbeugten sich vor Lord Zoar und verließen im Gänsemarsch den Saal. Als Letzter zog sich der

Kämmerer zurück und schloss nach einer besonders tiefen Verbeugung die Tür.
Lord Zoar lehnte sich entspannt an die Rückenlehne des Throns und lächelte zufrieden. Beinahe zärtlich strich er über die weiße Dame, stellte sie neben den schwarzen König, betrachtete die Figuren versonnen, schob sie hin und her, als ob er eine Schachpartie nachspielen würde. Doch schließlich hatte er genug davon und schlug auf einen neben ihm stehenden Gong. Ein Diener eilte herein und verneigte sich tief.
"Take these chessmen to my room. Immediately!"
"Yes, my lord", murmelte der Diener und trug das Tablett vorsichtig hinaus.
Lord Zoar trommelte mit den Fingern auf den Armlehnen seines Thrones. Erneut huschte ein Lächeln über sein Gesicht. "I'm sure my nephew will be more sensible soon. After a few days in the dungeon he will tell me everything I want to know – and more ..."

To the Dungeons

Molph ächzte, als er Tim aus dem Schacht heraushalf.

"That was terrible", erwiderte Tim verzweifelt. "This Lord Zoar is a liar. We have to do something!"

Molph sah Tim überrascht an. **"It's none of our business. Why do you care?"**

"Because ... because ... if he treats his own nephew like this, how do you think he'll treat his servants?"

Molph zuckte die Schultern. "I'm **going to run away** soon anyway. I hate living here! That old witch in the kitchen is worse than any man I've met on the street. I've never washed so much in my life as I have to now because of Mistress Shoba. It's awful." Wütend ging er zur Treppe, die in den Keller führte. "Come on, Tim. We have to stir the pots for a while, otherwise everything will go bad. And you don't want to see Mistress Shoba when she's angry!"

Tim ging hinter Molph die Treppe hinab, und je tiefer sie kamen, umso stärker wurde ein Geruch, der ihm den Atem nahm. "Yuck! It **stinks** down here."

"Yes, and it gets worse", sagte Molph und öffnete eine Tür.

In der Mitte des kleinen Raums standen mehrere Kessel, und unter den Kesseln brannte

It's none of our business. Das geht uns nichts an.
Why do you care? Wieso kümmert dich das?
going to run away werde weglaufen
stinks stinkt

ein Feuer. Dicker, gelbgrüner Dampf waberte durch den Raum. Tim schnappte nach Luft und wünschte sich sogleich, er hätte es gelassen. Hätte er seine Nase in ein Döschen mit Chilipulver gesteckt – die Wirkung wäre nicht verheerender gewesen. Seine Schleimhäute brannten und seine Augen tränten. "Ow! It's **burning** my eyes. Let's get out of here!"

is burning brennt
stick Stock
clockwise im Uhrzeigersinn
finally endlich
actually eigentlich
'Earthbuilders' 'Erderbauer'

Molph wischte seine Nase am Ärmel ab. "No way. We'll be in big trouble if we don't do some work now. Take that **stick** there and stir. Three times **clockwise** and twice the other way. Don't do it wrong, or you'll make things worse. Do as I said."

Tim rührte gehorsam im nächstbesten Topf, der eine braungrüne Masse enthielt. "What's this in the pots?"

Molph gab keine Antwort, sondern eilte von Kessel zu Kessel und rührte mit rasender Geschwindigkeit. Je mehr sie rührten, umso weniger Dampf entwich, und das Atmen fiel zum Glück leichter.

"**Finally**", schnaufte Molph. "We should be safe now."

Tim wiederholte seine Frage. "What is it we're stirring? It isn't something to eat, is it?"

"Well, yes, **actually**, it is. But not for people."

Tim hielt seinen Kochlöffel in die Höhe und ließ die schleimige Masse herabtropfen. "This is food? Yuck."

"The **Earthbuilders** love it."

"The what?"

Molph schaute ihn ungläubig an. "Where are you from, Tim? I thought every child **knew** the stories about these creatures."
Tim blickte verlegen zur Seite und blieb eine Antwort schuldig. Doch Molph gab nicht auf. "Come on, tell me. Is there really a place in Chesshire where they don't know about these things?"
Tim rührte im Kessel und suchte fieberhaft nach einer Antwort.
"I'm waiting", drängte Molph.
Himmel, ihm würde doch irgendetwas einfallen? "There was nobody to tell me", erwiderte Tim schließlich. "My father and I lived alone, a long way **away** from other people. And he's ..."
Er sah das Gesicht seines Vaters vor sich und hätte alles darum gegeben, jetzt bei ihm zu sein.
"**I see.** Don't worry; most of us kitchen boys had a lot of trouble at home. We all have good reasons why we prefer not to live with our families any more."
Tim schluckte. Er musste das Thema wechseln, wenn er nicht vor Molph in Tränen ausbrechen wollte. "Do you know where they took that boy?", fragte er hastig. "Are there really dungeons in the castle?"
"Of course. Do you want to see?"
Tim schaute überrascht auf. "Can I?"
"Yes, of course. Though I can't think why you want to see some smelly old walls."
"I'd like to know more about them."
Molph lachte. "To hear that from somebody who

knew würde kennen
away entfernt
I see. Verstehe.

doesn't know about Earthbuilders is very strange. But if that's what you want, you can easily go to the dungeons. Mistress Shoba will be very pleased to find somebody who wants to do that work."

Tim hörte nur mit halbem Ohr zu, als Molph anfing, Geschichten über Mistress Shoba zum Besten zu geben. Sollte es wirklich so einfach sein, zu Zak zu gelangen? Vielleicht wäre es sogar möglich, auch Lord Jameth zu sehen. Und der würde sicherlich wissen, was zu tun war. Mit neuer Hoffnung folgte er Molph in die Küche, wo Mistress Shoba sie schon erwartete. "Is everything all right with the pots?", fragte sie und beäugte kritisch einen Fleck auf Molphs Wams.

"Yes, Mistress Shoba, we stirred all morning like you told us to. It's really hard work and we're hungry now."

"You know very well that there's another task to do before you get any **food**."

food Essen

Molph schaute sehnsüchtig zu den Suppentöpfen. "Yes, I know. But ..."

"Enough! Off you go. And you", sie wandte sich an Tim, "let's see – maybe you could take the dirty laundry to the laundry barn."

"Laundry barn?" Tim wich erschrocken zurück. "I can't ... I ... please ..." Der Gedanke, Labec begegnen zu müssen, trieb ihm den Schweiß auf die Stirn.

"What's wrong with you, boy?"

Tim suchte fieberhaft nach einer Ausrede und war überrascht, als Molph für ihn in die Bresche sprang. "Please, Mistress Shoba. Don't send him there! His father killed his mother while she was doing the laundry. Tim told me everything about it. Maybe you could send him to the dungeons instead?"

"Poor boy." Mistress Shoba tätschelte Tim mitfühlend die Wange. "Well, as it's your first day in the castle, you can go to the dungeons if you prefer."

Tim nickte. Ihm hatte es die Stimme verschlagen. Mit welcher Leichtigkeit Molph für ihn gelogen hatte!

"All right. Molph, show Tim what he needs to know and then do your own work. Off you go!"

Molph zog Tim am Ärmel mit sich.

"That's strange. She doesn't usually believe me."

"**Thanks.**"

"No problem." Er deutete auf einen Topf, der neben dem Kücheneingang stand. "That's the food for the prisoners. A **kind** of **porridge**. It's awful."

Thanks. Danke.
kind Art
porridge Haferbrei
delicious lecker
check kontrollieren

Sie gingen hinüber und Tim hob den Deckel an. "Mmh, it smells really nice."

Molph blickte überrascht hinein. "You're right. And it looks **delicious**, too. This has got some meat and ..."

"What are you doing?"

Tim schnellte herum und sah Mistress Shoba mit geröteten Wangen auf sie zu eilen. "There's no need to **check** the food, just take it to the dungeons."

"But Mistress Shoba, are you sure this is the right pot? Maybe somebody's made a mistake, and Lord Zoar will get the prisoners' food instead of this."

Mistress Shoba warf einen schnellen Blick in den Topf, bevor sie den Deckel daraufknallte. "There's no mistake, Molph. This is the food for the prisoners."
Sie und Molph starrten sich einen Moment lang an, dann verzog sich sein Gesicht zu einem breiten Grinsen. "Does Lord Zoar know how well you **feed** his **enemies**?"

feed ernähren
enemies Feinde
both of you alle beide
forbidden Verbotenes
surprised überrascht
upset aufgebracht
collapsed ist zusammengebrochen
heard gehört hat

"I think he has other things to think about. Now go, **both of you**."
Tim und Molph nahmen den Topf in ihre Mitte und verließen die Küche. Molph strahlte noch immer übers ganze Gesicht. "Tim, this is great!"
"What?"
"I never thought I'd catch her doing something forbidden."
"Something **forbidden**?"
"How stupid are you? You can't seriously think that Lord Zoar would be happy to hear that his brother is getting good food. Anyway, I'm not **surprised**. Mistress Shoba was very **upset** when Lord Zoar took over, and she nearly **collapsed** when she **heard** that Lady Belis and Jobis were lost in the labyrinth."
"Lady Belis isn't in the dungeon? And Jobis – she's her daughter, right?"
Molph sah ihn kopfschüttelnd an. "You lived in a very strange place if you don't know the royal family. Jobis is the daughter of Lord Jameth and Lady Belis. She's a few years younger than his son Zakkathir – the boy you saw

this morning. Mistress Shoba likes her very much. Everybody does. She's friendly and clever, and very beautiful too." Er schaute verträumt vor sich hin, doch Tim riss ihn aus seinen Gedanken.
"Okay, I get the idea. But what do you mean, they **got lost** in the labyrinth?"
"When Lord Zoar took over, he **put** his brother and his nephew in the dungeon, but the **women** escaped. Though I think the labyrinth is probably a worse place to be." Er blieb stehen und deutete auf eine Wendeltreppe, die nach unten führte. "This is the way to the dungeon. I have to go now. See you later."
Er stellte den Topf ab und machte sich auf den Weg in die entgegengesetzte Richtung.

got lost haben sich verirrt
put hat gesteckt
women Frauen

"Hey, wait!", rief Tim. "What's wrong with the labyrinth? And why is it worse than the dungeon?"
Molph zauderte einen Moment, doch dann kam er noch einmal zurück und erzählte Tim eine Geschichte über Ungeheuer, die nur darauf warteten, dass sich jemand im Labyrinth verirrte, um ihn im Bruchteil einer Sekunde in winzige Stücke zu zerreissen. Außerdem kamen in der Geschichte giftige Tiere, Fallgruben und gefräßige Pflanzen vor. Erst als Molph sich endgültig aus dem Staub gemacht hatte, fiel Tim die Frage ein, die er eigentlich hätte stellen müssen: Wenn der Tod im Labyrinth so gut wie sicher war, wer hatte dann all die Geschichten noch erzählen können?

Stinging Nettlesnails

Tim war froh, als er das Ende der Treppe erreicht hatte. Der Topf wog schwer in seinen Armen, die vom stundenlangen Rühren ohnehin schon müde waren. Er bog um die Ecke und stand in einem Raum, von dem mehrere Gänge abgingen. Soldaten saßen an einem langen Tisch und waren mit verschiedenen Tätigkeiten beschäftigt. Einer polierte ein Schwert, während ein anderer einen zerrissenen Ledergurt flickte. Ein Grüppchen scharte sich um ein Schachbrett und verfolgte gespannt eine Partie. Etwas abseits saß ein älterer Soldat und bearbeitete mit einem Dolch seine Fingernägel. Er sah auf und fragte Tim verwundert: "What are you waiting for?"

'Stinging Nettlesnails' 'Brennnesselschnecken'
have brought habe gebracht

"I've **brought** the food for the prisoners."

"Is this your first time?"

Tim nickte. Mürrisch erhob sich der Mann von der Bank. "I hate it that they always send new ones. Come on." Er nahm eine Fackel aus einer Halterung an der Wand und verschwand in einem der Gänge. Tim folgte ihm, so schnell er das mit dem schweren Topf konnte. Es war dunkel und eng und die Fackel warf unheimliche Schatten. Auch lag ein seltsamer Geruch in der Luft, der das Atmen schwer machte. Es dauerte nicht lange und Tim keuchte, als würde er einen steilen Berg erklimmen, dabei gingen sie stetig bergab. Nach einer

Weile hielt der Mann an und entzündete eine Öllampe, die in einer Felsnische stand. Daneben befanden sich Essschalen, Löffel und Becher, alles grob geschnitzt, als hätte man dem Handwerker keine Zeit gelassen, das Holz in Ruhe zu bearbeiten.

"One bowl of porridge and one cup of water. That's what you bring to **each** prisoner. Water is here." Der Mann deutete neben sich und Tim sah im Fackellicht einen runden Holzdeckel. Als der Soldat den Deckel anhob, hörte Tim es glucksen und rauschen. "The **cells** are on the right. Each of them has a small **opening** in the door where you put the food and water. Sometimes there are prisoners in the **Hall of Tears**, as we call the room at the end. You don't have to give them food, but you can if you want to. We hadn't used that place for years, but things seem to have changed."

Der Soldat lauschte in die Stille, und nun vernahm auch Tim ein schwaches Stöhnen. Ihm lief ein Schauder über den Rücken. "What's that?"

"You'll see soon enough. Bring the empty bowls and cups back here, clean them in the **underground** river I showed you, and put them back on this shelf."

Ohne noch einen Blick auf Tim zu werfen, stapfte der Soldat davon, den Gang entlang, den sie gekommen waren.

Tim stellte den Topf ab. Er war dankbar für das Licht der Öllampe, denn es war unheimlich an diesem Ort.

each jedem
cells Zellen
opening Öffnung
'Hall of Tears' 'Tränenhalle'
underground unterirdischen

Mit zittrigen Fingern schöpfte er Brei in die erste Schüssel. Dann hob er den Deckel vom Wasserschacht. In dem dunklen Loch war nichts zu erkennen, doch er konnte das Wasser hören, das in der Finsternis rauschte. Dorthinein sollte er seinen Arm stecken? Schon bei dem Gedanken daran bekam er Magenschmerzen. Was für seltsame Lebewesen in dieser Welt wohl unter der Erde wohnten? Er biss die Zähne zusammen, nahm einen Becher und zählte bis drei. Langsam steckte er die Hand in den Schacht, bis seine Fingerspitzen kaltes Wasser spürten. Noch ein bisschen tiefer, und die starke Strömung riss ihm den Becher aus der Hand. Erschrocken zog er seinen Arm zurück. Waren die Becher abgezählt? Bekam er jetzt Ärger, weil er schon beim ersten Versuch einen verloren hatte?

Den zweiten Becher umklammerte er, als hätte jemand seine Hand mit Sekundenkleber an das Holz geleimt. Diesmal würde ihn die Strömung nicht überraschen. Er füllte den Becher mit Wasser und zog seinen Arm zurück. Na bitte. So schwer war es gar nicht.

Den Becher in der einen und die Breischüssel in der anderen Hand, ging er zur ersten Tür. Zögernd stellte er beides ab. “Hello? Is anyone there? I’ve brought food.” Es dauerte nur wenige Augenblicke, bis tastende Finger unter der Tür über den Boden krochen, Schüssel und Becher fanden und in die Zelle zogen. Tim erinnerten die Finger an Spinnenbeine, die auf Beutejagd gingen, und es schauderte ihn.

Er wiederholte den Vorgang bei vier Zellen, doch als er

bei der sechsten Schüssel und Wasser abstellte, hörte er jemanden fragen: "Who are you?" Vor Schreck verschüttete Tim das Wasser. Das Herz klopfte ihm bis zum Hals. Er musste zweimal ansetzen, bevor er antworten konnte. "I'm ... Tim."

"A kitchen boy? Are you alone?"

Die Stimme klang freundlich. Tim beschloss, die Wahrheit zu sagen.

"Yes."

Täuschte er sich oder atmete der Mann auf der anderen Seite der Tür tatsächlich auf? "Do you know what's going on in the castle?"

"Not really, I'm sorry. It's my first day here."

"Tim, would you do something for me?"

"Maybe", antwortete Tim zögernd.

"Somebody in this dungeon **is in great pain**. I can hear him. Please tell me: who is it?"

Tim erinnerte sich an das leise Stöhnen, das ihm vorhin einen Schauder über den Rücken gejagt hatte. "I don't know, but I'll find out", entgegnete er entschlossen.

Er packte die Öllampe fester. Allzu lang konnte der Gang nicht mehr sein, und bei dem Gedanken daran, was er an dessen Ende vorfinden würde, klopfte sein Herz schneller. The Hall of Tears – schon der Name klang schrecklich. Ob Zak dort war? Tim beschleunigte seine Schritte und blieb erst stehen, als der Gang endete. Mit zitternden Händen hob er die Lampe hoch, doch sie konnte den Raum vor ihm nicht erhellen, sie blendete ihn nur. Er drehte den Kopf beiseite und ließ

is in great pain hat große Schmerzen

die Arme sinken. In der Dunkelheit hörte er einen Menschen stöhnen, und wenige Schritte von ihm entfernt sog jemand überrascht die Luft ein. "You?!"
Tim erkannte die Stimme. "Zak!" Er stolperte in die Richtung, in der er Zak vermutete. Als Erstes sah er dessen Füße, fest umwickelt von Stricken, die aussahen wie grüne Lianen. Im Schein der Lampe erkannte Tim, dass es tatsächlich eine Pflanze war, die Zak gefangen hielt. Zak stand barfuß auf dem nackten Steinboden, und die Pflanze schlang sich nicht nur um seine Füße, sondern wand sich auch um seine Arme, seinen Hals, seinen Leib. Wie ein überdimensionaler Wurm kroch sie über ihn hinweg, wechselte ihre Position, umschlang mal diesen, mal jenen Körperteil, doch niemals ließ sie ihr Opfer frei. Tim stellte die Lampe ab. "Does it hurt? How can I help you?"
"It's not me, it's Sir Tenody. Please, he's in terrible pain. He's over there."
Tim folgte der Richtung, die Zaks Kinn ihm gewiesen hatte. Seine Knie zitterten vor Angst, doch er zwang sich vorwärts. Er musste zu Sir Tenody, wer immer das war. Vor ihm in der Dunkelheit erkannte er einen steinernen Tisch. Darauf lag ein Mann. Es war ein alter Mann, das sah Tim, als er das Licht der Öllampe über den Gefangenen gleiten ließ. Er war an Händen und Füßen gefesselt und trug eng anliegende, schwarze Kleidung, die Tim an einen Taucheranzug erinnerte.
Tim leuchtete dem Mann ins Gesicht. "Sir Tenody? Can you hear me?"

Sir Tenody drehte den Kopf zur Seite und wimmerte, doch er gab keine Antwort.
"Sir Tenody?" Tim legte dem Mann die Hand auf die Stirn. Sie glühte.
"What's wrong with him?", rief Zak.
"He has a **fever**, but he doesn't seem to be **hurt**."
"He must be. He's **obviously** in pain!"
"I know", murmelte Tim. Er fühlte sich so hilflos, dass er hätte weinen mögen. Was konnte er tun? Was nur?
Sir Tenodys Körper bäumte sich auf, und instinktiv legte Tim ihm eine Hand auf die Brust. "It's all right, it's – what the hell?!" Seine Hand brannte wie Feuer, brannte, als ob er sie in einen Ameisenhaufen gesteckt hätte.
"Tim! What happened?"
Tim rannte zu Zak. "My hand! It's burning. Look!" An seiner Hand, die sich tiefrot gefärbt hatte, hingen kleine schwarze Fetzchen.
Zak fuhr zurück, soweit das seine Fesseln zuließen. "Stinging Nettlesnails! Put your hand in water. Hurry!"
Tim packte die Öllampe und rannte. Er erreichte das Wasserloch, riss den Holzdeckel herunter und stieß seinen Arm in den Schacht. Fast augenblicklich ließ der Schmerz nach, als das wunderbar kalte Wasser seine Haut umspülte. Erschöpft legte Tim den Kopf auf den kühlen Felsen und genoss es, das Wasser zwischen seinen Fingern zu spüren. Was für Teufelszeug war das? Stinging Nettlesnails? Was immer Nettlesnails waren, *stinging* traf auf jeden Fall zu.

fever Fieber
hurt verletzt
obviously offensichtlich

Nach einigen Minuten zog Tim seine Hand aus dem Wasser. Der Schmerz blieb aus, welche Wohltat! Die Haut spannte zwar über den geschwollenen Fingern, aber die beißende Qual war vorbei und da waren auch keine schwarzen Fetzchen mehr.
Diese schwarzen Fetzchen hatte er an Sir Tenody gesehen ... Langsam dämmerte es Tim – was der alte Mann trug, war kein schwarzer Anzug, sondern er war über und über von ätzenden Wesen bedeckt! Sir Tenody brauchte Wasser, viel Wasser. Und das schnell.
Tim sah sich um, doch außer dem Essgeschirr und dem Breitopf gab es nichts, was er benutzen konnte, um Wasser zu schöpfen. Er leerte den Rest des Porridges in die Holzschüsseln, tauchte den Topf in den unterirdischen Fluss und kämpfte gegen die Strömung, die ihm das Gefäß aus der Hand zu reißen drohte. Er keuchte vor Anstrengung, doch er schaffte es, den vollen Topf aus dem Schacht zu hieven. So schnell er konnte, eilte er damit zur Hall of Tears. Er stemmte den Topf hoch und goss das kalte Wasser über den Körper des alten Mannes. Tränen der Erleichterung traten in Tims Augen, als er sah, wie die Schwärze von dem Körper wich und wie Tusche auf den Boden tropfte. Tim zog sein Hemd aus, schob es unter den Kopf des Mannes und legte ihm den nassen Ärmel über die heiße Stirn.
"Sir Tenody?"
Er bekam keine Antwort, doch das zerfurchte Gesicht schien sich zu entspannen.
"Thank you!" Zaks Stimme klang erleichtert. "I couldn't

bear it any more. I never thought they would hurt him."
"Who is he?" Tim ging zu Zak hinüber. "And why **have** they **tortured** him?"
"Sir Tenody is my teacher, and before that he was the teacher of my father and his brother. He is **the most educated** man in Chesshire."
"That doesn't explain why they did this to him."
Zak zog die Nase hoch. "I've no idea. He couldn't talk to me when they brought me here today."
Tim gab Zak zu trinken und zu essen. Auch wenn die Pflanze es darauf abgesehen zu haben schien, so viel Brei wie möglich auf dem Boden zu verteilen oder in Tims Haare zu schmieren – ihre Ausläufer wickelten sich pfeilschnell um den Löffelstiel –, schaffte Tim es doch, einiges an ihr vorbeizubringen.

bear aushalten
have tortured haben gefoltert
the most educated der gebildetste

"Thanks", sagte Zak und wischte den Mund an einer Liane ab, die seine Schulter umklammerte. Mit einem schlangenähnlichen Zischen wich die Pflanze zurück. "Great. She doesn't like porridge."
"Really?" Tim strich sich Brei aus dem Haar und schmierte ihn auf die Schlinge, die Zaks Handgelenk umfasste. Doch anstatt Zak freizugeben, zog sich die Pflanze fest zusammen.
Zak ging vor Schmerz in die Knie. "Ow! Let go!"
Die Pflanze vibrierte und schlenkerte Zak hin und her.

"I'm sorry", stammelte Tim. "I didn't think she'd do that. I **hoped** she'd set you free."

"It's all right. It was **worth a try**." Zak schenkte Tim ein zittriges Lächeln. "I hope my family has more luck than me. Have you seen them?"

"No, but there was a man who talked to me", antwortete Tim und erzählte Zak von dem Gefangenen, der ihn nach den Ereignissen im Schloss gefragt hatte.

Zak runzelte die Stirn. "It could be my father. Ask him what **rhymes** with book. If he answers sunshine, it's him."

"But that doesn't rhyme with book. Look, cook, yes – but why sunshine?"

"He'll understand." Ein Lächeln huschte über Zaks Gesicht. "It's a joke between him and me."

"I see … Look, I have to go now, but I'll try to come back soon."

"Wait! Just one more question: have you heard **anything** about my mother and sister?"

hoped habe gehofft
worth a try einen Versuch wert
rhymes reimt sich
anything irgendetwas
news Nachrichten

"Somebody told me that they had escaped."

"Really? That's great **news**! Where are they hiding?"

Vielleicht sollte er Zak nicht erzählen, wo seine Mutter und seine Schwester verschollen waren. Aber ob er eine Ausrede glauben würde? Tim beschloss, es wenigstens zu versuchen. "I don't know. He did say something about the place, but I've forgotten the name. It was very strange."

"Really? Do something for me, Tim. Hold the lamp up **near** your face."
Tim tat, worum Zak ihn bat, und hoffte, dass man ihm nicht ansah, dass er gelogen hatte.
"Listen, I really have to go now ..."
"All right, but before you do, tell me the **truth**."
Tim senkte die Lampe. "The truth?"
"Don't lie to me!", bat Zak. "I can't bear to think that you're lying to me."
Tim zauderte einen Moment, dann gab er sich einen Ruck. "He said they **went** into the labyrinth." Er hob die Lampe etwas an und sah, dass Zaks Gesicht unter der Schmutzschicht das letzte bisschen Farbe verloren hatte.
"That's terrible", murmelte Zak. "They're **as good as** dead."

near nahe (an)
truth Wahrheit
went sind gegangen
as good as so gut wie

Flowers and **Thorns**

Tim ging zurück zur sechsten Zelle und kauerte sich vor das Loch in der Tür, vor dem nun die leere Schüssel und der leere Becher standen. "Hello?"

"Finally! I heard so much **shouting** that I was afraid – well, anyway, you're back."

"Yes, **sir**." Tim überlegte einen Moment, wie er es anfangen sollte, seine Frage geschickt zu stellen, entschied sich dann aber für den direkten Weg. "What rhymes with book?"

Obwohl die Stille wahrscheinlich nur wenige Sekunden dauerte, kam sie Tim unendlich lange vor. Er biss sich nervös auf die Unterlippe und hoffte, die Antwort würde richtig sein.

"Book? You talked to my son? But it wasn't him they were torturing. It sounded like an old man."

"The answer, sir?"

"Sunshine, of course."

thorns Dornen
shouting Geschrei
sir mein Herr

Tim atmete auf. Er hatte tatsächlich Lord Jameth gefunden!

"Now, Tim, tell me everything you know."

Und das tat Tim, er flüsterte in die dunkle Öffnung und erzählte alles, was er seit der letzten Nacht erlebt hatte, angefangen von Zaks Erscheinen in seinem Zimmer bis hin zu den Ereignissen im Kerker.

"I'm sorry to hear that you're so far from home, Tim",

sagte Lord Jameth schließlich, "but I can help you as soon as I'm free again. Listen, do you think it's **possible** for you to steal the key to this door?"
In Büchern und Filmen war so etwas immer ganz einfach. Entweder betäubte man die wachhabenden Soldaten mit Wein oder man entwendete den Schlüssel, während sie pflichtvergessen schliefen. Aber würde das hier im echten Leben genauso gut funktionieren? Tim bezweifelte es, doch weil er Lord Jameth nicht entmutigen wollte, antwortete er zuversichtlicher, als ihm zumute war: "I don't know yet, but I'll find out."
Er sammelte die gebrauchten Schüsseln und Becher ein, wusch sie im unterirdischen Fluss und ging mit dem leeren Topf zurück in den Wachraum der Soldaten.
Die sahen ihn überrascht an. "What the hell happened to you?"
Es war kein Wunder, dass die Soldaten erstaunt waren. Sein Hemd hatte er Sir Tenody überlassen und in seinen Haaren klebte Brei. "I had some problems feeding a prisoner", sagte Tim. "That plant hates porridge."
Die Soldaten lachten, und einer sagte: "She's something special, isn't she? Never **upset** a **Giant Creeping Vine**, boy."
Giant Creeping Vine hieß das Monstrum also, das Zak gefangen hielt.
Tim ignorierte die Witze, die die Soldaten auf seine Kosten rissen, und schaute sich unauffällig um. Doch so angestrengt er auch umherspähte: Er sah keine Schlüssel.

possible möglich
upset aufregen
'Giant Creeping Vine' 'Riesenkriechwinde'

over vorbei
has saved aufgehoben hat
Good luck! Viel Glück!

Wie sollte es ihm gelingen, etwas zu stehlen, von dem er noch nicht einmal wusste, wo es aufbewahrt wurde? In Gedanken versunken, machte er sich auf den Weg zurück zur Küche. Es musste eine Lösung geben. Vielleicht war es wie beim Schach: Der ideale Zug wartete nur darauf, entdeckt zu werden. Und wenn man genau genug hinsah und nachdachte, dann stolperte man förmlich darüber.
Worüber Tim jetzt aber stolperte, war nicht die Lösung seines Problems, sondern ein Bein, das ihm jemand zwischen die Füße schob.
"Oi, wake up! You're in serious trouble."
Tim konnte gerade noch verhindern, dass er der Länge nach auf den Boden knallte, aber der Deckel des Topfes machte sich selbstständig und schepperte über den Gang, bevor er an die gegenüberliegende Wand prallte. Tim rannte hinterher und hob den Deckel auf, drehte sich um und blickte in Molphs neugieriges Gesicht.
"Where've you been? Mistress Shoba was expecting you back much earlier. Lunch is **over** and I don't think she'**s saved** you anything."
"I just did what she asked me to do", verteidigte sich Tim.
"She asked you to lose your shirt?"
"Well ..."
"Oh no, here she comes. **Good luck!**" Damit entwischte Molph und Tim stand Mistress Shoba allein gegenüber. Schützend hielt er den Topf vor sich; es schien ihm

eine gute Idee zu sein, einen Sicherheitsabstand zwischen sie beide zu bringen. Bevor er jedoch auch nur den Mund zu seiner Verteidigung öffnen konnte, packte sie ihn am Ohr und drehte es kräftig um. Tränen schossen ihm in die Augen, doch das schien Mistress Shoba nicht zu kümmern.

"I thought I made myself clear this morning: anyone I train will learn how to behave well, work with a smile on his face and always be clean and tidy. Look at you! Did you spend the last few hours with **Pig-Headed Trashtoads**? Where's your shirt? What have you done? Tell me immediately, but remember: I do**n't** want to hear **any** lies from you."

"I don't lie", erwiderte Tim und seufzte erleichtert auf, als Mistress Shoba seine Ohrmuschel nach einem letzten qualvollen Ziehen endlich losließ.

"You're **just** like the other kitchen boys. Liars and thieves, that's what you all are."

Tim drückte ihr den Topf in die Hände. "I'm not a liar. I'm not a thief. **Goodbye**." Er hatte genug. Mistress Shoba konnte ihm gestohlen bleiben. Ohne ihr noch einen Blick zu gönnen, drehte er sich um und ging zurück in die Richtung, aus der er gekommen war.

"Where do you think you're going?"

Sollte sie rufen. Wie kam sie dazu, ihn einen Lügner

'Pig-Headed Trashtoads' 'Schweinsköpfigen Müllkröten'
not any keine
just genau
Goodbye. Auf Wiedersehen.

und Dieb zu nennen? Er ging schneller, als er ihre Schritte hinter sich heraneilen hörte.
"Wait, you stupid boy!" Sie legte ihm eine Hand auf die Schulter und drehte ihn zu sich herum. Prüfend sah sie ihm ins Gesicht. "What's wrong with you?"
Er hielt ihrem Blick stand. "I'm not a liar."
"I see." Sie studierte ihn mit konzentrierter Miene. Schließlich nickte sie, als hätte sie einen Entschluss gefasst. "Well then, Tim. I'm ready to hear the truth."
Mistress Shoba stellte den leeren Topf in der Küche ab und führte Tim in einen Nebenraum. Er war klein, es gab nur einige Regalbretter mit sauber zusammengefalteten Tüchern, Kräuterbüschel, die an Schnüren von der Decke baumelten, und einen hölzernen Deckel im Boden, unter dem Tim Wasser rauschen hörte. Mistress Shoba zog die Tür hinter sich ins Schloss. "All right, Tim. Let's hear your story."
Er zögerte. Sollte er wirklich die Wahrheit sagen?
Mistress Shoba rubbelte an einem nicht vorhandenen Fleck auf ihrem spitzenverzierten Rock herum und bemerkte: "You're not saying anything. Is that because you don't trust me, or because you're trying **to make up** a story."

to make up dir auszudenken

Tim gab sich einen Ruck. Sie hatte gutes Essen zu den Gefangenen geschickt, und allzu wählerisch konnte er nicht sein, was seine Verbündeten betraf. Groß war die Auswahl wirklich nicht.
"I went to the dungeon like you told me to", begann er seinen Bericht. "They're keeping Lord Jameth in a cell,

but his son **is being held** in the Hall of Tears by a giant plant thing – I've forgotten what it's called."
"They're really using the Hall of Tears?", unterbrach sie ihn. "I thought that was just **gossip** when some of the women told me. And they keep the poor boy there? I **bet** it's a Giant Creeping Vine that's holding him. Now I understand why you've got porridge in your hair. How is Zak?"
"Not too bad, but of course he's very worried. He's terribly upset that they tortured Sir Tenody."
Mistress Shoba presste eine Hand auf ihre Brust. "**Good heavens!** You're telling the truth, aren't you?"
Tim nickte und zeigte ihr seine Hand mit den noch immer leicht geschwollenen Fingern. "He was **covered** with Stinging Nettlesnails, but I **washed** them **off** with water."
"**Bless you**, boy!" Mistress Shoba riss Tim in ihre Arme und drückte ihn an ihren Busen. Er schnappte nach Luft und war froh, als sie ihn wieder aus der Umklammerung entließ. Ihre Wangen und ihre Nase waren gerötet. Sie tippte ihm auf die nackte Brust. "And your shirt?"
"I put it under his head."
Mistress Shoba nahm ein Tuch vom Regal und wischte sich damit über die Augen. Nachdem sie sich noch mehrere Male geräuspert hatte, fand sie zu ihrem üb-

is being held wird gefangen gehalten
gossip Klatsch
bet wette
Good heavens! Du lieber Gott!
covered bedeckt
washed off habe abgewaschen
Bless you! Gott segne dich!

lichen Ton zurück. "Well, that explains a lot. But no kitchen boy is allowed **to run around** as dirty as you are. Go and wash, and don't forget your neck and the ears! I'll be in the kitchen when you've finished."

Sauber kehrte Tim kurze Zeit später in die Küche zurück. Zu seiner Überraschung drückte ihm Mistress Shoba ein Stück Brot und eine Frucht in die Hand, die aussah wie ein Apfel mit Windpocken. "Hurry, Tim. There's a lot of work to do."

to run around
herumzulaufen
herb garden
Kräutergarten

Er verschlang das Brot mit wenigen Bissen und probierte dann den pockigen Apfel. Er schmeckte ein bisschen wie Honigmelone mit Brausepulver. Er hätte noch einen essen können, doch mehr gab es anscheinend nicht. Tim unterdrückte ein Gähnen. Nun da er einigermaßen satt war, wünschte er sich nichts sehnlicher als ein stilles Plätzchen, an dem er ein Nickerchen machen konnte. Doch Mistress Shoba eilte geschäftig aus der Küche, und Tim folgte ihr, als sie ihn energisch zu sich winkte.

Den Teil des Schlosses, durch den sie nun gingen, kannte er noch nicht. Er befürchtete, dass er sich furchtbar verlaufen würde, wenn er alleine wieder zurück zur Küche finden müsste; zu oft zweigte ein Gang ab oder ging es um eine Ecke. Schließlich blieb Mistress Shoba vor einer kleinen Pforte stehen. Sie entriegelte die Tür und stieß sie auf. Helles Sonnenlicht blendete Tim, als sie ihn nach draußen schob.

"This is the castle **herb garden**", erklärte sie. "You know

the three things we use herbs for, don't you? We use them in the kitchen, as medicine, and against **harmful** plants and animals."
Sie folgten einem schmalen Weg hinab zum Kräutergarten, der quadratisch wie ein Schachbrett angelegt war. Bepflanzte Beete wechselten sich mit Feldern ab, auf denen weißer Kies lag. Mistress Shoba ging zu dem Feld, auf dem sich beim Schachspiel der weiße Springer befinden würde, und deutete auf eine Pflanze mit kleinen, silbriggrauen Blättern, die dicht über dem Boden wuchs.
"That plant is very **useful** if you have a problem with **Acid Spiders**. A few leaves are enough." Sie drückte Tim ein Messer in die Hand. "But we're not looking for that one today. We're here for the **spicy rose bush**."
Sie führte Tim zu einem Busch, an dem leuchtend rote Rosen blühten. Mit geübter Hand setzte Mistress Shoba das Messer an. "We don't want the flowers or the leaves, only the thorns." Sie schob die Messerspitze unter den Dornansatz und hebelte den Dorn vom Stängel. "They have **powder** in them."
Tim beugte sich vor, um besser sehen zu können, doch im gleichen Augenblick überfiel ihn ein heftiger Niesanfall. Er nieste, bis sein Zwerchfell schmerzte und die Augen tränten.
Mistress Shoba reichte ihm ein Taschentuch und legte den Dorn in ein Beutelchen. "That is one **effect** of the

harmful schädliche
useful nützlich
'Acid Spiders' 'Säurespinnen'
spicy würzigen
rose bush Rosenstrauches
powder Pulver
effect Wirkung

powder. But it's **also** a good **spice** to cook with. You cut it for me."

Tim wischte sich über die Augen, nahm das Messer fest in die Hand und schaffte es tatsächlich beim ersten Versuch, einen Dorn zu lösen.

"Very good", freute sich Mistress Shoba.

Es war nicht so schwierig, wie Tim befürchtet hatte, und nach den ersten paar Dornen hatte er den Dreh raus und konnte seine Gedanken schweifen lassen. Sie rasten in Lichtgeschwindigkeit zu seinem Vater. Dachte er, sein Sohn wäre weggelaufen? Grübelte er, was für Gründe dahinterstecken mochten? Wie viel Zeit zu Hause wohl vergangen war? Gab es nicht diese Märchen, in denen jemand für drei Tage im Feenreich lebte, und wenn er heimkam, waren Hunderte von Jahren vergangen? Tim lief es kalt den Rücken hinunter. Energisch verdrängte er diese Gedanken und löste Dornen von den Rosen. Während er mechanisch weiterarbeitete, spielte er, um sich abzulenken, im Kopf eine Schachpartie durch, die er erst vor wenigen Tagen studiert hatte. Bis zum Mittelspiel kam er gut voran, doch dann verlor er den Faden, weil Mistress Shoba ihn fragte: "You look tired, Tim. Maybe you should take a break?"

also auch
spice Gewürz
shade Schatten

Moment, er hatte gerade mit seinem Turm die Dame gedeckt. Wenn er jetzt –

"Let's sit down under the tree. We'll find some **shade** there."

Er richtete sich auf, klopfte sich die Erde von den Knien und folgte Mistress Shoba. Sie schaute in sein Säckchen und nickte zufrieden. “That should be enough for a nice spicy chicken, and I’m sure there’ll be some powder **left over**. You know it’s very useful if you have trouble with harmful plants. Do you want a pear?”

Tim setzte sich neben sie und nahm die Birne, die sie ihm reichte, dankbar entgegen. Eine Zeit lang aßen sie schweigend und genossen den sanften Wind, der ihnen ins Haar fuhr. Tim gefiel die grüne Hügellandschaft, die sich hinter der Schlossmauer ausbreitete. Menschen arbeiteten auf einem Feld, doch sie waren so weit entfernt, dass ihre Stimmen kaum zu hören waren.

Mistress Shoba zeigte auf ein Hausdach, das gerade noch hinter einem Hügel hervorblitzte.

“That’s the roof of the laundry barn.”

Tim erinnerte sich an die Geschichte, die Molph ihr aufgetischt hatte, und versuchte, ausreichend unbehaglich dreinzuschauen. Mistress Shoba lächelte ihn an. “You really don’t need to worry, my dear. You can catch Labec if you hurry. Labec will give you what you need, and at the moment you need a new shirt and clean trousers.” Mistress Shoba stemmte sich hoch. “I’ll see you later at the castle, Tim.”

Tim nahm sich vor, sich auf dem Weg Zeit zu lassen. Er hatte keine Lust, Labec heute noch einmal zu begegnen. Erst als Mistress Shoba schon außer Sicht war, fiel ihm auf, dass das Säckchen mit den Dornen und das Messer noch immer neben ihm lagen.

left over übrig

Tim wartete, bis es dämmerte, dann machte er sich auf den Weg zur Laundry Barn. Als er die Scheune erreichte, traf er dort niemanden an. Er öffnete das Tor und der vertraute Gestank der Dirt Guzzler stach ihm in die Nase. Der Raum war unheimlicher, als Tim ihn in Erinnerung hatte. Er fand eine Lampe gleich neben dem Eingang, daneben stand eine Schachtel. Tim öffnete den Deckel und sah hinein. War dies das Pulver, das Zak in die Lampe geworfen hatte? Er nahm ein bisschen davon und ließ es auf den Lampenboden fallen. Es zischte leise, ein paar Funken stoben auf. Das war alles. Beim nächsten Versuch nahm Tim mehr von dem Pulver und warf es schwungvoll hinein. Eine Stichflamme versengte ihm fast die Haare, doch dann gab die Lampe helles Licht.
Sein Herz hämmerte heftig, als er die Scheune rasch durchquerte und die Treppe in die Kleiderkammer hochstieg. Er verriegelte die Tür und atmete auf. Hier fühlte er sich einigermaßen sicher.
Heute stapelten sich noch mehr Kleider auf den Tischen als am Tag zuvor und es war nicht schwer, ein passendes Hemd und eine saubere Hose herauszufischen. Tim schlüpfte hinein und sah sich um, während er das Hemd zuknöpfte. War es tatsächlich erst gestern gewesen, dass er mit Zak hier gesessen hatte? Er kämpfte gegen die Welle der Verzweiflung an, die ihn zu überfluten drohte. Welche Hoffnung hatte er schon, je wieder nach Hause zu kommen? Er sah das Gesicht seines Vaters vor sich und schluckte den Kloß hinunter, der ihm plötzlich im Hals steckte. Was würde sein Vater

tun, wenn er an seiner Stelle wäre? Wenn eine Schachpartie völlig ausweglos zu sein schien, sagte er oft: Gib nie zu früh auf, Tim! Du hast immer noch Figuren auf dem Brett! Doch galt das auch im echten Leben, wenn ein dunkler Lord die Fäden zog und der eigene König gefangen war?

Nachdenklich ging Tim hinüber zu dem Tisch, an dem er gestern mit Zak gespielt hatte, und zog das alte Schachbrett aus der Schublade. Daneben fand er in einer Schachtel die dazugehörenden Figuren. Er setzte sich an den Tisch und stellte den schwarzen König auf e8, seinen angestammten Platz. Lord Zoar gebot über Soldaten, deshalb stellte Tim zwei Läufer hinzu. Zoar herrschte außerdem über das Schloss, deshalb gab er ihm noch zwei Türme. Er hatte unendlich viele Bauern, aber keine Dame.

Der weiße König befand sich in einer misslichen Lage. Er war umringt von schwarzen Figuren und konnte keinen Zug machen, ohne ins Schach zu geraten. Er hatte keine Türme und keine Läufer, seine Dame war in eine ausweglose Situation verstrickt und konnte ihm nicht zu Hilfe eilen. Seine einzige Hoffnung war Tim. Bedächtig nahm er einen weißen Springer aus der Schachtel, stellte ihn in die Mitte des Bretts und begann zu spielen.

Dirt Guzzlers

Jemand lachte und eine Tür klapperte. Tim schreckte hoch. Wo war er? Was …? Er klaubte einen Bauern von seiner Wange; einige Figuren lagen über den Tisch verstreut, andere waren zu Boden gefallen. Durch ein Fenster fiel Sonnenlicht. War es wirklich schon Morgen? Wie lange hatte er geschlafen? In fliegender Hast sammelte er die Figuren ein und stopfte sie zusammen mit dem Schachspiel in die Tischschublade. Zum Glück hatte er noch in der Nacht einen Wäschekorb gepackt. Vorsichtig stieg er damit die Treppe hinunter, durchquerte die Scheune und hatte schon beinahe die Tür erreicht, als ihn jemand anrief: "Hey, what are you … You again?"

Tim drehte sich um und stand Labec gegenüber. "Good morning", stammelte er. "I … Mistress Shoba sent me for some towels."

extra zusätzliche

Labec spähte in den Korb. "So early in the morning? Why?"

Tim blickte ihn zerknirscht an. "I have to do some **extra** work, so I had to start early."

"Extra work? Mistress Shoba really does have trouble with you kitchen boys. Off you go."

"Thanks." Tim zwängte sich an Labec vorbei, warf einen Blick auf die noch schlafenden Dirt Guzzler in ihrem Gehege und atmete auf, als die Tür hinter ihm zufiel. Teil eins seines Plans war erfolgreich verlaufen. Als Nächstes musste er ein sicheres Plätzchen für den

Wäschekorb finden und Mistress Shoba davon überzeugen, ihn heute noch einmal in den Kerker zu schicken. Tims Magen knurrte und erinnerte ihn daran, dass er seit gestern Nachmittag nichts mehr gegessen hatte. Er ging ein wenig schneller. Vielleicht hatte er Glück und kam noch rechtzeitig zum Frühstück. Mit gesenktem Kopf betrat er die Zugbrücke, beobachtete jedoch verstohlen aus den Augenwinkeln die wachhabenden Soldaten. Noch zwei Schritte, noch einer, jetzt war er an ihnen vorbei und –

"Hey! You! What are you thinking? Sneaking into the castle without saying the password?" Einer der Soldaten packte Tim am Arm.

"I ... I'm sorry. I ..."

"What's your name?"

"Tim. I'm Tim, I'm working for Mistress Shoba. I'm a kitchen boy", sprudelte Tim hervor. Der Kerl hatte einen Griff wie ein Schraubstock.

list Liste
reported hat gemeldet
missing vermisst
let in hereinlassen
fell asleep bin eingeschlafen
woke up hat geweckt

"Kitchen boy? Check the **list**", wandte sich der Soldat an einen zweiten. Der schlenderte zu einer Tafel, die an der Wand im Torbogen hing.

"Yes, Mistress Shoba **reported** him **missing** yesterday evening. She said we should **let** him **in** if he was late." Der Griff um Tims Arm lockerte sich etwas. "And where have you been all night?"

"I **fell asleep** in the laundry barn. Labec just **woke** me **up** and I hurried back. Mistress Shoba will be really angry."

Der Soldat ließ Tim los. "I hope she beats you."
Tim hätte ihm gerne geantwortet, dass ein zerquetschter Oberarm Strafe genug wäre, was immer man auch angestellt hatte, doch er schwieg. Der Mann sah nicht so aus, als würde er Widerworte akzeptieren.

Mistress Shoba ließ ein Donnerwetter vom Stapel, das Molph und die anderen Jungen aus der Küche vertrieb. Tim hatte jedoch den Eindruck, dass sie nur mit halbem Herzen bei der Sache war. Ihr Blick schweifte mehrmals irritiert zu dem Wäschekorb, den er noch immer in den Händen hielt. "Well", sagte sie schließlich und strich sich die Haare aus dem verschwitzten Gesicht, "I think I've made myself clear." Sie tippte das Handtuch an, das zuoberst im Korb lag. "What's this?"
Schnell drehte Tim sich weg. "Don't touch it."
"Why not? Why have you brought towels? They're obviously not from the kitchen. I don't understand why Labec has sent them."
Tim sah sich verstohlen um. Die Frauen und Mädchen, die in der Küche arbeiteten, taten das auffällig leise. Sicher waren sie ganz Ohr – und er wünschte sich keine Zuhörer. "Labec said ..." Warum zur Hölle fiel ihm keine geeignete Ausrede ein? "Labec said ...", wiederholte er und sah Mistress Shoba beschwörend an. "He said ... he wants you to ... to ..." Er hatte sich hoffnungslos verhaspelt. "He said you ... you should check ..." Was sollte er tun, wenn Mistress Shoba genau das auf der Stelle tun wollte?

Sie runzelte die Stirn und sah aus, als ob sie intensiv nachdachte. Dann nickte sie. "Ah yes, I remember. We talked about the new **cloth**. Carry that basket to the **little** room, and I'**ll have a look at** it."
Sie scheuchte ihn vor sich her in die Kammer, in der er ihr gestern von seinen Erlebnissen im Kerker erzählt hatte. "What do you think you're doing?", zischte sie, kaum dass sie die Tür hinter ihnen geschlossen hatte. "I'll bet all the salt in the kitchen that Labec didn't ask you to tell me anything. What **are you up to**?"
Tim kam gleich zur Sache. "Please, Mistress Shoba, please send me to the dungeon again today!"
Sie sah ihn irritiert an. "That has nothing to do with this basket."
"Actually it does. I want to take something with me that's in the basket at the moment."
"Towels?"
Tim schüttelte den Kopf. "Dirt Guzzlers."
"Dirt Guzzlers?!" Mistress Shoba presste ihre Hände gegen die Brust. "Are you **mad**? Do you know how dangerous they are?"
Tim nickte. Es hatte ihn einige Überwindung gekostet, die schlafenden Guzzler aus ihrem Pferch zu heben und in Handtücher zu wickeln. Schon der Gedanke daran, was passieren würde, wenn einer von ihnen seine Finger mit Dreck verwechselte, trieb ihm den Angstschweiß auf die Stirn.

cloth Stoff
little kleinen
will have a look at werde mir anschauen
are you up to treibst du
mad verrückt

"What ...? How ...?" Nun war es Mistress Shoba, die keine Worte fand.

"They'll help me to **free** Lord Jameth."

Nun würde es sich erweisen, auf welcher Seite sie stand. Tim beobachtete Mistress Shoba, doch sie hatte sich schnell wieder in ihrer Gewalt und ihre Miene ließ keine Schlüsse zu.

"Oh, really", sagte sie und stemmte die Arme in die Hüfte. "And how do you think you'll escape from the dungeon? Will you ask the **soldiers to let** you **out**?"

free befreien
soldiers Soldaten
to let out herauszulassen
well Brunnen
flows fließt
lake See
bottomless bodenlosen

Tim atmete auf. Er hatte sich nicht in ihr getäuscht, sie stand auf Lord Jameths und Zaks Seite. Dem Himmel sei Dank! Doch es war fast unheimlich, wie schnell sie den Schwachpunkt seines Planes erfasst hatte.

"I was hoping Lord Jameth could show us a way out", verteidigte er sich.

"It's better if you know it, too", sagte Mistress Shoba. Sie deutete auf den Wasserschacht zu ihren Füßen. Tim warf ihr einen fragenden Blick zu und schob den Deckel zur Seite. Nun sah er, was ihm im Dunkel des Kerkers entgangen war: An der Seite des Schachts waren Haltegriffe eingelassen, die bis zum Wasser hinabführten.

"Every **well** in this castle goes to the same river", erklärte Mistress Shoba. "The river **flows** underground for a while, then into a **lake**. We call it the **Bottomless** Lake."

Das Wasser floss ziemlich schnell dahin, es sah aus, als würde es jeden mitreißen, der darin stand. Falls man dort unten überhaupt stehen konnte.
"Are you sure it's possible to survive down there?", fragte Tim zweifelnd.
"Well, it's summer", antwortete Mistress Shoba, als würde das alles erklären. Dann fügte sie hinzu: "It would be very dangerous in spring. A lot of water comes down from the hills when the snow **melts**. But the river is low now, so you should **be able to breathe** from time to time."
"You think so?", fragte Tim skeptisch.
Sie knallte den Deckel auf den Schacht. "It's the only way."

melts schmilzt
be able to können
breathe atmen
is stopping davon abhält

Die Stunden zogen sich wie Kaugummi. Tim war froh, als Mistress Shoba ihn endlich wieder in die Kammer winkte. Die Dirt Guzzler zappelten inzwischen heftig in ihren Handtüchern und fiepten.
Mit festem Griff packte Mistress Shoba eines der Tierchen samt Handtuch und steckte es in den Topf, der gestern das Essen für die Gefangenen enthalten hatte. Schnell schob sie noch zwei weitere nach. "Listen, Tim. The towels are all that's **stopping** them from eating you alive. Please be very careful."
"Yes, Mistress Shoba." Tim zog das Messer und das Säckchen mit den Dornen aus der Hosentasche. "You forgot –"

"Keep it. It's always good to have a knife, and the powder from the spicy rose bush will help you with the Giant Creeping Vine."
"So she doesn't like it?"
"No, she doesn't. Now go, and all good spirits of Cheshire go with you."
Tim stieg die Treppen zum Kerker hinunter und versuchte, das flaue Gefühl zu ignorieren, das sich in seinem Magen ausbreitete. Die Dirt Guzzler fiepten, durch den Topf gedämpft, aber doch deutlich hörbar, vor sich hin. Er musste den Wachraum der Soldaten schnell durchqueren ... aber auch nicht zu schnell. Sie durften keinen Verdacht schöpfen. Hoffentlich schaute keiner in den Topf. Hoffentlich entdeckten sie das Messer nicht, das er in seinem Strumpf aufbewahrte. Als er den Raum erreichte, in dem die wachhabenden Soldaten wie am Tag zuvor am Tisch saßen und Schach spielten, zitterten ihm die Knie, doch kaum einer der Anwesenden schenkte ihm Beachtung.
Tim brachte die wenigen Schritte bis zum Gang ohne Schwierigkeiten hinter sich und griff nach einer Öllampe, die an der Wand an einem Haken hing. Er konnte sein Glück nicht fassen. Er hatte es geschafft!

"Lord Jameth?" Tim kniete vor der Kerkertür. "Are you there?"
"Who's that?"
"Tim, sir."
"Ah, the kitchen boy from yesterday, is that right?"

"Yes, sir." Tims Mund war trocken vor Angst, als er die Öllampe zu Boden stellte. Was sollte er tun, wenn die Dirt Guzzler im Topf sich aus den Handtüchern gezwängt hatten und gerade dabei waren, sich einen Weg in die Freiheit zu fressen? Mit zitternden Fingern nahm er den Deckel ab und blickte auf drei sich windende Handtuchrollen – dem Himmel sei Dank, keines der Tierchen hatte es geschafft, sich zu befreien! Aber: Welches Ende des Handtuchs war das gefährliche?
Er nahm seinen ganzen Mut zusammen, dann packte er eine der Rollen fest um die Mitte. Der Dirt Guzzler protestierte fiepend und zappelte, doch Tim hob ihn mit sicherem Griff aus dem Topf. Jetzt konnte er hören, auf welcher Seite sich der Kopf befand. Selbst in dieser Welt quiekten die Tiere nicht mit dem Hinterteil.
Vorsichtig schob Tim das Handtuch ein wenig beiseite und hielt das kleine Wesen an die Zellentür, gleich neben das Schloss. Es wand sich noch einige Augenblicke hin und her, dann biss es in das Holz und begann zu fressen. Tim hätte vor Freude in die Luft springen können.
"Tim? What's that **noise**?"
"I'm here to free you, Lord Jameth."
"Have you found the key?"
"No, I'm afraid not, but I hope this will work as well."
"What have you got there?"
"A Dirt Guzzler."
Lord Jameth pfiff anerkennend durch die Zähne. "**Brilliant**. But be very careful, won't you?"

noise Geräusch
brilliant genial

Den Ratschlag brauchte Tim wahrhaftig nicht, er sah mit eigenen Augen, was der Dirt Guzzler mit der Tür anstellte. Innerhalb weniger Minuten fraß er sich schmatzend durch Holz und Metall. Schließlich erschlaffte die Handtuchrolle in Tims Händen, der Dirt Guzzler fiepte träge zwei, drei Mal und rührte sich nicht mehr. Tim schüttelte ihn ein bisschen und stupste mit dem Zeigefinger in das runde Bäuchlein. Das Tier rülpste und schlief weiter. Tim zog ihm das Handtuch über den Kopf und setzte ihn in den Topf. Was für ein Glück, dass er drei mitgenommen hatte! Er hob vorsichtig den zweiten Guzzler heraus und ließ ihn fressen, bis er ebenfalls schläfrig wurde und sich in seinem Handtuch zu einem Nickerchen zusammenrollte. Tim holte Nummer drei aus dem Topf, doch allzu viel gab es nicht mehr zu tun, denn kaum hatte der zu fressen begonnen, als die Tür auch schon nachgab. Tim wickelte den protestierenden Guzzler so fest er konnte in sein Handtuch und packte ihn zu den anderen.

Lord Jameth sah seinem Bruder ähnlich, doch trotz seiner schmutzigen Kleider wirkte er vertrauenswürdiger, fand Tim. Aber vielleicht dachte er das auch nur, weil er wusste, dass Lord Jameth auf Zaks Seite stand.
“Thank you so much, Tim! What now?”
“We go to the Hall of Tears.”
Sie eilten den Gang entlang, so schnell es im Licht der Öllampe möglich war.
“Father?!” Zak blickte ihnen ungläubig entgegen.

"Yes, my son. Are you all right?"
"Yes, I'm fine. But I'm worried about Sir Tenody."
Lord Jameth lief zu dem steinernen Tisch, auf dem noch immer der alte Mann lag. Tim blieb bei Zak. Er zog den Beutel mit den Dornen aus der Hosentasche. "Let's see how she likes this." Tim holte tief Luft, bevor er das Säckchen öffnete und Dornen und Pulver über Zak und der Giant Creeping Vine ausschüttete.
"Ow!", war alles, was Zak sagen konnte, bevor ein heftiger Niesanfall jedes Reden unmöglich machte. Auch der Pflanze schien es schlecht zu gehen. Ihre Lianen zuckten und wanden sich krampfhaft hin und her. Tim versuchte, Zak zu helfen, doch die Pflanze schlug nach ihm, sobald er näher kam.
Zak zerrte an seinen Fesseln und schaffte es tatsächlich, sich zu befreien. Auf allen vieren schleppte er sich niesend und stöhnend voran, bis er außer Reichweite der Pflanze war.

Achoo! Hatschie!

Tim beugte sich über ihn. "I hope I didn't hurt you."
"Ow! I ... I ... ***achoo***!"
"We must hurry! Let's go!" Doch als Tim zu Lord Jameth und Sir Tenody hinüberschaute, wurde ihm klar, der alte Mann würde nirgendwo hingehen. Er sah so schwach aus, dass Tim einen Moment befürchtete, er sei tot.
Zak nieste noch einmal, doch es gelang ihm, sich aufzurappeln. Mit Tims Hilfe schleppte er sich zu den beiden Männern hinüber, die miteinander flüsterten. Zak legte seinem Vater die Hand auf die Schulter. "I'm free. We should go now."

Lord Jameth sah seinen Sohn liebevoll an. "One moment, Zak. This is important." Und er brachte sein Ohr ganz dicht an den Mund des alten Mannes und lauschte auf dessen Worte.
Zak runzelte die Stirn. "What's that?"
Nun hörte es auch Tim: Stimmengewirr. Schritte im Gang! Hatten die Soldaten entdeckt, dass Lord Jameth nicht mehr in seiner Zelle war? Sollte ... konnte ... Bevor Tim auch nur einen klaren Gedanken fassen konnte, erhellten Fackeln den Raum.
"What a **surprise**." Lord Zoar schlenderte herein und spickte ein imaginäres Stäubchen von seinem Wams. Einige Schritte vor seinem Bruder blieb er stehen. "I come down for a nice little **talk** with Sir Tenody, and who do I find? You! You're supposed to be in your cell."
"I'm supposed to be on the throne", antwortete Lord Jameth, "and if you wanted to talk to Sir Tenody, you should have treated him better. He's not able to tell you anything."
Tatsächlich lag der alte Mann mit geschlossenen Augen da, und hätte Tim nicht gesehen, dass er eben noch mit Lord Jameth gesprochen hatte, er hätte ihn für bewusstlos gehalten.
"Don't worry about that. I have ways of getting what I want." Lord Zoar gab den Soldaten einen Wink, und zwei von ihnen nahmen Lord Jameth in ihre Mitte. "The bishops of the castle will help you back to your cell. And you, Zak, **will join** your father one last time."

surprise Überraschung
talk Unterhaltung
will join ... wirst dich zu ... gesellen

Zak wurde blass. "What do you mean?"
"I've had enough of all the gossip, people saying that my brother is the **real** heir of Chesshire. **Luckily** you have now brought the magic chessmen back to me. Tell me, what did you do with the chessboard?"
Zak schwieg.
"Take him."
Zwei Soldaten nahmen Zak in ihre Mitte. Lord Zoar zog ein kleines, spitzes Messer. "Do you think this is **sharp**? Perhaps I should try it – on your chest."
Die Soldaten zerrissen Zaks Hemd. Lord Zoar trat näher und setzte ihm die Messerspitze auf die Haut. "Well?"
"Tell him, Zak", befahl Lord Jameth.
Lord Zoar lächelte siegesgewiss.
"I lost it", sagte Zak, "when I was being hunted by the Fog Spirits."
Lord Zoar verstärkte den Druck, ein Bluttropfen quoll hervor. "Is that true?"
"Not everybody is a liar, Zoar", antwortete Lord Jameth an Zaks Stelle.
Lord Zoar nahm das Messer weg. "As soon as I've talked with Sir Tenody, I'll be ready to hold the **Traditional Chess Match.**"
"You'll lose", sagte Zak verächtlich. "You can't **bribe** the magic chessmen."
"No, I can't. But you can always bribe people." Lord Zoar trat zu Sir Tenody und betrachtete ihn. "It's just a

real wahre
luckily zum Glück
sharp scharf
traditional traditionelle
chess match Schachpartie
bribe bestechen

question of time – and pain", fügte er hinzu. "Sooner or later they always **break**. I'm sure that Sir Tenody will be no exception."

"He won't break, he'll die", warf Lord Jameth ein. "Please, Zoar, don't torture this old man."

"All right. Let's make a deal", schlug Lord Zoar vor. "Swear that you **will give up** your **claim** to the throne, and I'**ll spare** Sir Tenody's life."

Lord Jameth zögerte. Zak starrte seinen Vater verzweifelt an.

"Don't." Die Stimme war so leise, dass man sie leicht hätte überhören können, doch in dem Schweigen erklang sie laut und deutlich.

Alle wandten den Kopf zu Sir Tenody.

"I'll ... I'll help you ... I'll tell you everything."

Lord Zoar lächelte. "Good. What a shame, Jameth. That was your only chance. Now you'll lose the chess match, and you'll sit in this dungeon until you die." Lord Zoar wandte sich ab. Sein Blick streifte Tim und er hielt inne. "Who are you?"

"I'm just a kitchen boy."

"I see. Take him with the others. He's heard too much."

Einer der Soldaten stieß Tim derb in den Rücken und trieb ihn vorwärts, vorbei an Lord Zoar, hinein in den Gang und weiter in eine Zelle. Zak und Lord Jameth stolperten hinterher. Die Tür schlug zu, der Schlüssel drehte sich im Schloss. Sie waren gefangen.

break aufgeben
will give up aufgeben wirst
claim Anspruch
will spare werde schonen

The Magic Chess Match

Nach einigen Minuten kam Tim der Kerker nicht mehr stockdunkel vor. Er konnte einzelne Konturen unterscheiden. Zak lag am Boden, sein Vater kniete neben ihm und hatte eine Hand auf seine Schulter gelegt.

Tim zog die Beine an und legte den Kopf auf die Arme. Er hätte jetzt auch gern seinen Vater bei sich gehabt. Irgendjemand, der sich um ihn kümmerte. Doch gleichzeitig war er froh, dass sein Vater zu Hause, in Sicherheit war. Mochte er sich über Tims Verschwinden grämen, so wurde er doch nicht von einem machtgierigen Herrscher lebenslänglich eingesperrt.

"It's checkmate, isn't it?", sagte Zak in die Stille hinein. "Zoar will win, if Sir Tenody helps him to fix the chessmen."

"There's still **hope**", antwortete Lord Jameth.

"Why?"

"Come nearer, both of you. I don't want anyone to hear us."

Lord Jameth stützte Zak und half ihm in die Ecke der Zelle, die am weitesten von der Tür entfernt war. Tim setzte sich neben die beiden.

fix manipulieren
hope Hoffnung
knew wusste
had arrested hat verhaften lassen

"Sir Tenody has worried for a long time that Zoar would try to do this. Of course, Zoar **knew** that Sir Tenody was watching him; that's why he **had** him **arrested**. But he wasn't quick enough. Sir Tenody had moved the magic chess set into another world, and with it went the only chance for Zoar to fix the Traditional Chess Match by **doctoring** the chessmen. He couldn't prove that he was the rightful heir of Chesshire."

So war das Schachspiel also nach London gekommen! Und ausgerechnet sein Vater hatte darüber stolpern müssen ...

"Of course, Zoar knew that he wasn't able to bring it back", fuhr Lord Jameth fort, "because only Sir Tenody or the rightful heir could do this. That was why he **tricked** you, Zak, to make you go and find it. You should never have believed him."

Zak ballte die Fäuste. "He promised to set you and Mother and Jobis free", verteidigte er sich.

Lord Jameths klang Stimme ernst, als er antwortete. "My son, listen to me. Sometimes, to be a good **leader**, you have to **sacrifice** things – even your own family."

"Is that true?", gab Zak heftig zurück. "Then why didn't you just sacrifice Sir Tenody?"

"Because I am **weak**." Lord Jameth senkte den Kopf. "This is the reason for all our trouble. I always knew that Zoar could not be trusted, but I **couldn't bring myself** to have him arrested. **After all**, he is my brother."

Drückende Stille legte sich über den Raum. Tim überlegte fieberhaft. Lord Jameth hatte von einer Hoffnung gesprochen, und auch wenn Tim nicht wusste, was er

doctoring manipulieren
tricked hat hereingelegt
leader Führer
sacrifice opfern
weak schwach
couldn't bring myself konnte es nicht über mich bringen
after all schließlich

damit meinte, so war es doch ein Strohhalm, an den er sich klammern konnte. Er räusperte sich und fragte: "Now that Lord Zoar has the magic chessmen, will he doctor them? Can he win the game?"
"That's probably his plan. But there's something he doesn't know. The magic of the magic chess set isn't in the chessmen, but in the chessboard."
Zak erfasste als Erster, was das bedeutete. "So he can't fix the magic, because there's no magic there! All the magic is with the chessboard, somewhere in the river."
"Exactly."
"Just a moment", warf Tim ein. "So does that mean that the match will just be an ordinary game? The better player will win?"
"That's right."
Tim traute sich nicht, die Frage zu stellen, die ihm auf der Zunge lag. Wer war der bessere Schachspieler: Lord Jameth oder Lord Zoar?
"Did you know that the chessboard was the important **part** and not the chessmen?", wollte Zak wissen.
"No. Sir Tenody told me just a few minutes ago", antwortete Lord Jameth. "He thinks Zoar **will force** him to doctor the chessmen so that they don't play for the heir, but for him. Sir Tenody will behave as if he's **obeying** Zoar's order. At the **public** chess match it'll be too late for Zoar **to back out**, even when he realizes that he's been betrayed."
"You'll beat him, won't you?", fragte Zak beunruhigt.

part Teil
will force wird dazu zwingen
is obeying gehorcht
public öffentlichen
to back out auszusteigen

Lord Jameth hob abwehrend die Hände. "Don't be too sure, Zak. You know very well that Zoar is a good player."

strategy Strategie
to take risks Risiken eingehen

"But you're better."
"I hope so, son."
Tim fand es an der Zeit, sich einzumischen. "What **strategy** will you follow? What kind of player is Lord Zoar? Does he watch and wait, or does he like **to take risks**?"
Lord Jameth blickte Tim überrascht an. "What do you know about playing chess?"
Es war Zak, der antwortete. "He's quite good, father. He won every single game we played."
Tim fühlte, wie ihm die Hitze in die Wangen schoss. Zum Glück konnte im Halbdunkel niemand sehen, wie verlegen er war.
"I see", sagte Lord Jameth. "Maybe you should tell me more about how chess is played in your world. Anything that can help me win will be very useful."
Tim bezweifelte, dass er Lord Jameth wirklich helfen konnte. Aber sie begannen. Sie spielten Kopfschach, und je länger sie miteinander spielten und sprachen, umso mehr schwanden Tims Zweifel. Lord Jameth schien zwar viel über die alten Eröffnungen beim Schach zu wissen, doch die moderneren Varianten waren ihm unbekannt.
"It would be much easier to explain if we had a chessboard", sagte Tim bedauernd, als er sich im Mittelspiel einer Partie verhaspelte.

"It's all right, Tim, don't worry. Tell me again about this strange **opening strategy**", beruhigte ihn Lord Jameth. Und Tim erklärte ihm das Königsindisch, das so berühmte Schachspieler wie Bobby Fischer und Garri Kasparow angewandt hatten. Schließlich konnte Tim sich nicht mehr konzentrieren. Er war so müde, dass er am liebsten eingeschlafen wäre.
Lord Jameth schob das Brett zur Seite und sah Tim und Zak nachdenklich an. Dann begann er, Geschichten zu erzählen, und er tat das so spannend, dass Tim und Zak gebannt an seinen Lippen hingen.
"I didn't know that story", sagte Zak. "Tell us another one, Father."
Tim hätte zu gerne nach dem Labyrinth gefragt. Ganz sicher gab es auch dazu viele Geschichten, doch er wollte Lord Jameth und Zak nicht an Lady Belis und Jobis erinnern. Stattdessen fragte er: "Do you know how Cheshire was **created**?"

opening strategy Eröffnungsstrategie
created erschaffen
once upon a time there was es war einmal
create erschaffen

Zak lehnte sich gegen die Kellerwand, als hätte er das alles schon oft gehört. Doch er unterbrach seinen Vater nicht, als der zu erzählen begann: "**Once upon a time there was** a man called Lord Henry of Hillsborough. He was educated and very curious, and he wanted to know whether it would be possible to **create** life."
Tim spürte, dass ihn der Schlaf zu übermannen drohte. Wenn er es recht verstand, dann hatte Lord Henry einen Weg gefunden, seine Gedanken irgendwie zu

Materie zu verfestigen, und diese dann mit einem magischen Funken zum Leben erweckt. Ihm fielen die Augen zu. Egal, zuhören konnte er dennoch. Lord Henry war ein leidenschaftlicher Schachspieler gewesen, und so war es kein Wunder, dass die Fundamente der Welt, die er erschuf, nach den Regeln dieses Spiel errichtet wurden. Er fütterte die Erderbauer mit seinen Gedanken und –

Moment, hatte er nicht mit Molph in den Töpfen einen stinkigen Brei gerührt, der Futter für Earthbuilder war? Konnte es sich tatsächlich um dieselben Geschöpfe handeln? Und wie konnte man aus Gedanken einen Brei herstellen? Aus weiter Ferne hörte Tim Lord Jameths Stimme, doch er hatte eindeutig den Faden verloren, wusste nicht, wie er "... finally **married** Lady Elizabeth ... **left** London, where his family had lived for hundreds of years ..." und "... **built** this castle ..." in die Geschichte einbauen sollte. Eine warme Hand legte sich auf seine Schulter. "Good night, Tim. Sleep well."

Ja, das würde er. Auch wenn der Boden in ihrem Verlies ziemlich hart war.

married hat geheiratet
left hat verlassen
built hat gebaut

Tim schreckte hoch, als die Tür mit einem lauten Krachen aufgestoßen wurde. Er rappelte sich auf und stellte sich neben Lord Jameth. Auch Zak trat neben seinen Vater. Soldaten nahmen sie in die Mitte und führten sie hinaus, ohne zu erklären, wohin.

"What's going on?", fragte Tim Zak, als sie in dem engen Gang nebeneinander hergingen.
Der zuckte die Schultern. "I don't know. Maybe they're ready for the Magic Chess Match and are taking us there. But", Zak senkte seine Stimme zu einem Flüstern, "they **haven**'t **tied** us **up**. Maybe we can try to escape."
Sie erreichten den Wachraum der Soldaten, und dort zerschlug sich jede Hoffnung auf eine Flucht. Ihnen wurden die Hände auf den Rücken gefesselt. Jeweils zwei Soldaten bewachten einen Gefangenen, als sie sich wieder auf den Weg machten, die Treppe hinauf und einen unbekannten Gang entlang.
"Take the boys outside. We'll bring Lord Jameth later", befahl derjenige, der die Gruppe angeführt hatte und nun eine Tür aufstieß.
Sonnenlicht blendete Tim, als er an den Oberarmen gepackt und vorwärtsgezerrt wurde. Sie führten Zak und ihn auf ein Podium, das im Innenhof des Schlosses aufgebaut worden war. Viele Menschen hatten sich im Hof versammelt, und Tim fühlte sich ihren Blicken schutzlos ausgeliefert. Einige der Gesichter kannte er: Da war Mistress Shoba, mit rot geweinten Augen, und Labec, der mit mehreren kräftig aussehenden Männern zusammenstand. Molph drängelte sich in die vorderste Reihe. Ihm war anzusehen, dass er sich fragte, was Tim auf dem Podium zu suchen hatte, wo es doch um nichts weniger ging als um das alles entscheidende Schachspiel. Ein Diener brachte ein Tablett, stellte

have tied up
haben gefesselt

es auf dem Tisch ab, der vor Tim stand, und begann, das magische Schachspiel aufzubauen.

"Where is Sir Tenody? He should do this!", rief eine Männerstimme aus der Menge.

"Silence! Otherwise you will have to go." Die barsche Antwort kam von einem stämmigen Mann, den Tim schon einmal gesehen hatte – im Thronsaal, bevor man Zak in den Kerker geworfen hatte. Es war der Kämmerer von Lord Zoar.

Vom Schloss näherte sich eine Gruppe Menschen. Tim erkannte Lord Zoar und Lord Jameth zwischen den Soldaten. Die Menge flüsterte, als die Brüder die Stufen zum Podium hinaufstiegen und am Tisch Platz nahmen, doch niemand wagte einen Zwischenruf.

Der Kämmerer trat vor und wartete, bis das Gemurmel verstummte. Dann verkündete er: "People of Chesshire. Today you will be watching a Traditional Chess Match. The **winner** will be the rightful heir of Chesshire. Let the game begin!" Er ging zum Schachbrett, nahm einen weißen Bauer und versteckte ihn hinter seinem Rücken in einer seiner Fäuste. Dann hielt er beide Fäuste Lord Zoar hin, der ohne zu zögern auf die linke deutete. Der Kämmerer öffnete die Faust und Tim hörte Zak aufstöhnen. Lord Zoar hatte den weißen Bauern gewählt. Er eröffnete das Spiel.

"He **must have cheated**", knurrte Zak. Tim befürchtete dasselbe und wartete gebannt auf Lord Zoars ersten Zug.

winner Gewinner
must have cheated muss betrogen haben

Bauer von d2 nach d4.
Lord Jameths Hand verharrte einen Moment über dem Schachbrett, dann zog er seinen Springer von g8 nach f6. Lord Zoar runzelte die Stirn. Mit diesem Zug hatte er offensichtlich nicht gerechnet. Er schien zu warten, und plötzlich begriff Tim, worauf. Er wartete auf die magische Führung durch die Schachfiguren, die ihn gewinnen lassen würde. Die Leute begannen zu murmeln. Der Kämmerer tupfte sich den Schweiß von der Stirn, doch noch immer wartete Lord Zoar.
"With luck he will think that the chessmen are on my father's side", flüsterte Zak. "Maybe this will make him play badly."
Tim wusste, dass Lord Jameth mit seiner Strategie ein großes Risiko einging. Offensichtlich fanden das die Umstehenden ebenfalls, die skeptisch miteinander tuschelten, als Lord Jameth nun seinen Läufer zwischen die Bauern setzte. Tims einzige Hoffnung war, dass Lord Zoar nicht begriff, was für eine Taktik sein Bruder verfolgte. Das schien der Fall zu sein, denn immer öfter zögerte er, bevor er hier einen Bauer, da einen Läufer zog. Tim hielt die Spannung kaum mehr aus. Diese Partie entschied darüber, ob er seinen Vater wiedersehen würde. Und er konnte nichts anderes tun als zuzuschauen, wie eine um die andere der schwarzen Figuren geschlagen wurde. Zak neben ihm stöhnte auf.
"I don't understand. What's he doing?"
Tim blieb stumm. Seine Angst erstickte jeden vernünftigen Gedanken. Er hatte das Gefühl, weder die Spiel-

weise von Lord Zoar noch die von Lord Jameth zu verstehen. In diesem Moment fiel die schwarze Dame. War damit das Spiel entschieden?
Lord Zoar zwirbelte die schwarze Dame zwischen seinen Fingern. "You seem to have **bad luck** with your queens", sagte er, und es klang äußerst selbstgefällig. "First your wife got lost in the labyrinth and now you've lost this little queen here. That's a shame, isn't it?"

bad luck Pech
result Ergebnis
will accept werde akzeptieren

"Yes, it is", antwortete Lord Jameth mit fester Stime, "but at least I saved my king. Checkmate."
Und mit dem nächsten Zug verstand Tim plötzlich, welche geniale Falle Lord Jameth gestellt hatte. Lord Zoar war genauso überrascht wie alle andern, die ungläubig durcheinanderriefen.
Lord Jameth erhob sich. "Chamberlain, announce the **result** of the game."
Der Kämmerer sah unsicher zu Lord Zoar, der reglos aufs Spielbrett starrte, räusperte sich und sagte schließlich: "Lord Jameth ... Lord Jameth has won the game ..."
"... and is the rightful heir of Chesshire", vervollständigte Lord Jameth den Satz. "Now release my son and the other boy."
Tim glaubte, vor Erleichterung platzen zu müssen. Er würde bald wieder zu Hause sein!
"No!" Lord Zoar sprang auf. "No! Somebody has doctored these chessmen. I **will** not **accept** the result of this game. Bishops of the castle: arrest Lord Jameth

and take him and the other prisoners back to the dungeon. Immediately!"
Einen Moment lang zögerten die Soldaten, dann spürte Tim derbe Hände an seinen Schultern, die ihn vom Podium stießen. Er fiel die Treppenstufen hinunter; es tat scheußlich weh, weil er sich nicht mit den Händen abstützen konnte. Um sich herum hörte er Geschrei. Tim blieb liegen, bis er merkte, dass jemand an seinen Fesseln zerrte.
"Tim! Get up!"
Das war kein Soldat, das war Molphs Stimme!
"You?"
"Yes, come on, we've to **get** you **out**. We can do it while they'**re** still **fighting**."
Es wurde gekämpft? Tim erinnerte sich an das Messer in seinem Strumpf. "I have a knife in my sock."
"Very clever", sagte Molph anerkennend, und ruckzuck waren die Fesseln durchschnitten. Tim stand auf. Molph packte ihn am Arm und zog ihn vorwärts. "Let's go!"

get ... out
... rauskriegen
are fighting
kämpfen

"Wait. Where's Zak?"
"I don't know and I don't care. He's not one of us."
Tim riss sich los und lief die Stufen zum Podium hinauf. Soldaten und Männer aus dem Volk kämpften gegeneinander, Soldaten und Soldaten kämpften gegeneinander, und Lord Zoar und Lord Jameth kämpften gegeneinander. Tim wich einem Stuhl aus, der in seine Richtung flog. "Zak!"

"I'm here!" Ein Soldat riss Zak zurück, doch schon warf sich jemand brüllend auf den Mann. Es war Labec.

Tim rannte zu Zak hinüber. "Are you all right?"

"Could be worse. Could be better, though."

Tim half ihm auf die Beine. "Molph! Where are you?"

"Don't shout, I'm here." Der Küchenjunge zerschnitt die Stricke, mit denen Zak gefesselt war. Zak hielt sich den rechten Oberarm.

"What's wrong?", fragte Tim.

"It hurts **like hell**. Where's my father?"

like hell wie Hölle
Thank heavens! Gott sei Dank!

"Over there, but we can't help him now. Let's find a safe place."

Zak musste starke Schmerzen haben, denn er ließ sich widerspruchslos von Tim und Molph wegführen.

"Boys!" Mistress Shoba stand auf der Schlosstreppe und winkte sie zu sich heran. "Hurry!"

Es war gar nicht leicht, sich durch die Menschenmenge zu kämpfen. Tim und Molph schleppten und schoben Zak vorwärts. Endlich zog Mistress Shoba sie die Treppe herauf. "**Thank heavens**, boys, you made it! Into the castle, quick!"

On the Run

Mistress Shoba scheuchte sie in die Schlossküche, drückte Molph ein Stück Brot in die Hand und schickte ihn zurück zur Tür, um Wache zu halten. Dann schaute sie sich Zaks Schulter an.

"It's **dislocated**. That must hurt a lot." Sie packte ihn auf eine Weise, die Tim an einen Wrestlinggriff erinnerte. "Be a **brave** boy. It'll be all right in a minute."

Zak schrie auf und wand sich in ihrem Griff. Tim wurde schlecht. Hoffentlich wusste Mistress Shoba, was sie tat. Nach wenigen Sekunden ließ sie den Jungen los und wischte sich den Schweiß von der Stirn. "That's better, isn't it?"

Zak bewegte vorsichtig die Schulter. "Yes, it is. Thank you so much, Mistress Shoba!"

"We don't have time for that. I have to make you something to eat. You might have to escape." Sie eilte in die Speisekammer. Tim hörte sie nebenan rumoren. Doch noch lauter hörte er plötzlichen Jubel draußen auf dem Schlosshof.

"It's been decided", sagte Zak. "Let's go and have a look."

"But – Mistress Shoba ...", zögerte Tim.

"I *must* know what the **future holds** for us."

Zak rannte aus der Küche, die Treppe hinauf und weiter in einen Saal, dessen Fenster auf den Schlosshof gingen.

on the run auf der Flucht
dislocated ausgerenkt
brave tapferer
future Zukunft
holds bereithält

Tim folgte ihm dicht auf den Fersen; er fürchtete sich vor dem, was er sehen würde, wenn er aus dem Fenster blickte. Vielleicht verdammte ihn der Blick zu ewigem Gefangensein. Vielleicht würde ihm auch erlaubt werden, irgendwo zu arbeiten, in der Laundry Barn oder in der Küche. Aber ganz sicher würde er nie mehr nach Hause zurückkehren, wenn es Lord Zoar war, der gesiegt hatte. Zak hatte den Saal schon halb durchquert, als draußen auf dem Flur Stimmen zu hören waren.

"He must be here somewhere! Search every room for the traitor!", brüllte eine raue Männerstimme.

"They're looking for you!" Tim konnte kaum sprechen, Angst und Enttäuschung schnürten ihm die Kehle zu. Zak sah sich um, aber weder Schränke noch Truhen waren ein gutes Versteck. Schon hörten sie von draußen Türenknallen. Schritte kamen immer näher. Tims Blick fiel auf das Lüftungsgitter. "Zak, help me!" Mit zwei Schritten erreichte er das Gitter und zerrte daran.

'Snivellers' 'Greiner'
snivel greinen

"We can't hide in there", sagte Zak, half jedoch mit, das Gitter aus seiner Verankerung zu heben.

Tim kroch mit dem Kopf voran in den Tunnel. "Why not?"

"Because of the **Snivellers**."

Tim kannte das Wort ***snivel***. Waren Sniveller dann Lebewesen, die genau das taten, was das Wort bedeutete? Egal, sie konnten nicht gefährlicher sein als Lord Zoars Soldaten. Er spürte Zaks Füße an seinen und schob sich vorwärts. Dem Gerausch nach setzte Zak

das Gitter wieder in die Halterung. Tim kroch noch ein Stückchen weiter und spürte, wie Zak nachrückte. Sie hörten, wie die Tür des Saales aufflog.
"He's not here. I told you we should go to the **stable** first", sagte einer der Männer, die ins Zimmer stürmten.
Tim hielt den Atem an. Er spürte, wie auch Zak erstarrte.
"You know very well that the stable has been searched already", antwortete ein Mann, dem anzuhören war, dass er langsam die Geduld verlor.

stable Stall
trapped gefangen
heating system Heizungssystem

"Soldiers are watching the horses and the gates. We've got orders to search all the rooms on this floor, and that's exactly what we'll do."
Schranktüren flogen auf, ein Truhendeckel knallte. "We're wasting time", maulte der, der zuerst gesprochen hatte. "He's not stupid. Why would he hide somewhere where there's no way out?"
"That's not our business", antwortete der andere. "We'll search the rooms and then we'll stay on this floor until we get new orders."
"But –"
"Enough! Those are our orders and that's what we'll do." Die Tür des Saales knallte zu.
Zak stöhnte leise. "Did you hear that? We're **trapped**!"
"Not exactly. Do you know which rooms of the castle are connected to these **heating system** tunnels?", fragte Tim.
"Yes, of course. Why?"

"If we could reach a room that also has a well, we might be able to escape."

Zak lachte leise. "You're **unbelievable**! We're trapped in a tunnel with Snivellers, and maybe worse, the castle is full of our enemies, and you think of a plan to escape as easily as other people eat breakfast."

Tim stieg die Hitze in die Wangen. "Well", stammelte er verlegen, "of course that all depends on your answer. Is there a room that has both: a tunnel and a well?"

Zak überlegte einen Moment, bevor er antwortete: "I think it would be easiest near the kitchen. There's a special room near there where they **service** the heating system. If we sneak out of this tunnel into that room, we could use the kitchen well."

Das würde bedeuten, dass sie unter dem halben Schloss durchkriechen mussten. "There's no other room? A bathroom, maybe?"

"No, I'm sorry. We **bathe** in a **bath house**, and it's not connected to the castle."

unbelievable unglaublich
service warten
bathe baden
bath house Badehaus

"I see." Tim kroch vorwärts. Wenn es keine andere Möglichkeit gab, dann war es besser, nicht mehr lange nachzudenken und die Aufgabe anzugehen. Bald schon ertasteten seine Finger den Schacht. Was nun? Er konnte doch nicht Kopf voran nach unten klettern.

"What's wrong?", fragte Zak. Tim erklärte ihm das Problem, das für Zak aber anscheinend keines war. "Oh, that's easy", sagte er. "Just roll on your back and

grab the ladder above your head. Then pull **yourself** out of the tunnel. Your feet will easily find the ladder below you."

"Great", sagte Tim sarkastisch. Aber er tat, was Zak ihm vorgeschlagen hatte, ignorierte das mulmige Gefühl in seinem Bauch und schaffte es tatsächlich, die Leiter zu finden, ohne abzustürzen. Erleichtert stieg er hinunter und atmete auf, als er wenig später wieder festen Boden unter den Füßen hatte.

"I hope this was the worst part", sagte er zu Zak. "Shall we turn right?"

Sie schoben sich seitwärts in einen engen Tunnel. Zweimal kamen sie an Räumen vorbei, durch deren Gitter sie Soldaten sehen konnten, die etwas zu suchen schienen. Schließlich hielt Tim inne. "I think we're near now."

Sie kletterten in den nächsten Schacht, auf den sie stießen.

"Let's wait here. It'll be easier to **get into** the kitchen at night without them seeing us", sagte Tim. Sie setzten sich auf den kalten, feuchten Boden. Beide waren zu müde, um zu sprechen. Tim dachte an die Sniveller, die irgendwo in diesen Tunnels herumkrochen und sie zum Glück noch nicht behelligt hatten. Er dachte an seinen Vater, an Lord Jameth und an Lord Zoar. Aber irgendwann dachte er gar nichts mehr. Vielleicht war er auch eingeschlafen, denn er schreckte hoch, als Zak ihn am Arm fasste und schüttelte. "Tim, wake up. I think we can move now."

grab greife
yourself dich
get into reinkommen in

Sie krochen weiter und gelangten wenig später vor ein sehr großes Gitter. "Do you know where we are?", flüsterte Tim.
Zak spähte in den dunklen Raum, der hinter dem Gitter lag. "I think we're in luck. This could be the room we're looking for, but it's too dark to be sure. Let's have a look." Er hob das Gitter aus seiner Halterung und kletterte hinaus. "Yes! Come on, Tim, we're exactly where we're supposed to be."
Tim kroch aus dem Tunnel und streckte sich. "Great. Let's hope there aren't any soldiers." Im Halbdunkel sah er, dass an den Wänden des Raumes Kisten und Bretter gestapelt waren. Zak setzte das Gitter wieder ein, bevor er mit Tim zur Tür schlich. Vorsichtig öffnete er sie einen Spalt breit, hielt jedoch inne, als sie Stimmen hörten.
"Maybe he's disappeared. The royal family knows how to use magic." Fackelschein huschte über die Wände und zwei Soldaten marschierten vorbei.
"Yes, I suppose it's possible. But I hope they find him soon. Otherwise we're going to have extra work until they do."
Die Soldaten bogen um die Ecke und es war wieder dunkel und still. Zak tastete nach Tims Hand. "Let's go."
Sie eilten den Gang entlang in die Richtung, aus der die Soldaten gekommen waren. Die Küchentür war nur angelehnt, auf einem der Tische brannte eine Öllampe. Niemand war zu sehen. Tim und Zak schlüpften hinein und gingen hinter einem der Herde in Deckung. Gerade noch rechtzeitig, denn schon klapperte eine Tür und

jemand schlurfte durch den Raum. Zak riskierte einen Blick, und angesichts der Gesten, die er machte, begriff Tim, dass es Mistress Shoba war. Er spähte um die Ecke. Mistress Shoba ging zu der Lampe und nahm sie hoch. Ziellos wanderte sie durch die Küche und schluchzte. Tim überlegte, ob es sie trösten würde, wenn sie sich zu erkennen gaben. Aber schnell verwarf er den Gedanken wieder. Es war besser, wenn Mistress Shoba nicht wusste, wo sie sich versteckten. Falls Lord Zoar sie verhören ließ, konnte sie nichts verraten. Nach einem letzten Schluchzer verließ Mistress Shoba die Küche.

"Finally", schnaufte Zak und zog Tim zu der Kammer, in der sich der Wasserschacht befand.

each other
einander

Tim war sich nicht mehr sicher, ob es eine gute Idee war, in den Brunnenschacht zu steigen, als er sah, wie schnell das Wasser unter der Öffnung vorbeischoss.

"We can't go together, it's too narrow", stellte Zak fest. "And anyway, we'll need our arms to swim."

"But we'll lose **each other** in the water", gab Tim zu bedenken.

"We can't do anything about that. We'll meet where the river flows into the Bottomless Lake. Shall I go first?" Zak wartete die Antwort nicht ab, sondern ließ sich in den Schacht hinunter. "Goodbye, Tim. Good luck!" Er winkte Tim noch einmal zu, dann holte er tief Luft und sprang ins Wasser. So sehr Tim sich auch bemühte, er konnte Zak nicht mehr sehen. Die Strömung hatte ihn vermutlich schon einige Meter mit sich gerissen.

Tim stieg die Leiter hinunter und zog den Deckel über sich auf die Schachtöffnung. Es kam ihm vor, als hätte er sich selbst begraben. Er tastete sich nach unten, verfehlte eine Sprosse, als ihm das Wasser bis zum Oberschenkel reichte, suchte nach Halt, geriet in den Sog der Strömung und ließ die Leiter los.

Es war unheimlich, in völliger Dunkelheit durch diesen Kanal zu schwimmen. Und nicht ganz ungefährlich. Schon stieß Tim mit dem Kopf gegen die Decke, die an manchen Stellen niedriger zu sein schien. Oder das Wasser stand hier, aus welchem Grund auch immer, höher. Tim hielt sich schützend eine Hand vor die Stirn, doch das milderte die Wucht des Aufpralls nur wenig, zu schnell brauste das Wasser dahin. Er spürte hier und da Grund unter den Füßen und an Armen und Händen die Seitenwände des Kanals. Der wurde enger und enger, bis Tim kaum noch Luft holen konnte. Er musste tauchen, hoffen, dass dies nur ein Engpass war und auf der anderen Seite vielleicht schon der See lag. Und wenn nicht?

Er hatte keine Wahl. Noch einmal schnappte er nach Luft, dann geriet sein Kopf unter Wasser; er wurde hineingezogen in den engen Schlauch, der hoffentlich nicht allzu lang war, der hoffentlich nicht noch enger wurde, der ihn hoffentlich nicht als Wasserleiche ausspucken würde. Das Blut rauschte in seinen Ohren. Er riss die Augen auf – und sah nichts. Er musste Luft holen, er musste einfach. Noch einen Moment lang wiederstand er, dann atmete er ein.

Der Boden unter ihm bewegte sich, und wenn er nach oben schaute, sah er den Mond. Tim blinzelte. Zum Mond gesellten sich einige Sterne. Ihm war kalt und nass und übel und zittrig zumute. Er war gefesselt. Aber anscheinend war er nicht ertrunken. Neben ihm lag eine Gestalt, die in Decken gehüllt und ebenfalls mit Stricken gebunden war. Nur ein Haarschopf schaute heraus.

"Zak?", krächzte er und hoffte von ganzem Herzen, dass es tatsächlich Zak war.

"Finally one of you is awake", knurrte jemand hinter ihnen. Tim setzte sich auf und schaute in die Richtung, aus der die Stimme kam. Sie gehörte dem Mann, der den Ochsenkarren lenkte, auf dem sie die Straße entlangzockelten.

was getting ready machte mich bereit
fisherman Fischer
was belching rülpste

"What happened?", fragte er.

"That's a good question, boy. Something strange is going on. A few hours ago I **was getting ready** for work when some soldiers came to my house, looking for somebody from the castle. Castle business is none of my business. I'm a **fisherman**, that's all I know and all I want to know. So I didn't really listen to them, and I went out to my boat. And then I heard a strange noise, as if the lake **was belching**. Now, what do you think it was?"

"I don't know", antwortete Tim. Er biss die Zähne zusammen, weil sie vor Kälte zu klappern begonnen hatten.

"It was you and this other boy. The lake doesn't like it when people drown **themselves**. It hates dead bodies; it always **spits** them **out**."
Tim rollte sich zusammen und hörte dem Lamento des Fischers zu, der sich bitterlich beklagte, dass er zu nachtschlafender Zeit zum Schloss fahren musste. Denn den Befehl der Soldaten, sofort beim Schloss Meldung zu machen, falls etwas Außergewöhnliches geschehen sollte, durfte er nicht ignorieren.
Tim zupfte an Zaks Decke, bis er dessen Gesicht sehen konnte. Er hielt ihm die Hand vor die Nase und hätte weinen können vor Erleichterung, als er warme Atemluft in seiner Handfläche spürte. Sie hatten ihren Fluchtversuch überlebt. Doch wie ging es nun weiter? Würden sie im Kerker landen? Oder würde Lord Zoar kurzen Prozess mit ihnen machen? Er schaute in den Sternenhimmel. Vielleicht zum letzten Mal in seinem Leben.

themselves sich
spits out spuckt aus

Back Home

Der Wagen rumpelte durchs Schlosstor und kam im Innenhof zum Stehen. Fackeln blendeten Tim, doch die Stimme, die "Thank heavens, it's the boys!" rief, erkannte er unter allen anderen, die laut durcheinanderredeten.
"Mistress Shoba?", fragte er, während ihn Hände vom Wagen hoben und davontrugen. Die ihn in ihre Mitte genommen hatten, schlugen nicht den Weg zum Kerker ein. Aber wohin brachten sie ihn?
Tim fand sich in einem Raum wieder, der nach Kräutern roch. In einem Regal standen Bücher und ein Mörser, verschiedene Flaschen und Schüsseln. Mistress Shoba hastete herein, hinter ihr trugen Soldaten Zak in den Raum. "**Take off** those wet clothes, my boy. Hot tea is coming, and here are some dry blankets." Sie eilte geschäftig hin und her und Tim war froh, dass einer der Soldaten seine Fesseln zerschnitt und ihm half, seine nassen Kleider auszuziehen. Er schmiegte sich in eine Decke, die ihm um die Schultern gelegt wurde. Dann führte ihn jemand zu einem Sessel, der neben einem Kamin stand, in dem ein Feuer brannte. Tim spürte, wie die Wärme in seinen Körper zurückkehrte. Erleichtert sah er, dass auch Zak wieder auf den Beinen war, wenn auch noch wackelig. Mistress Shoba drückte Zak in einen zweiten Sessel und setzte sich auf einen Schemel zwischen ihnen.

take off zieh aus

"We've been so worried, boys. When Lord Zoar **fled** and you were nowhere to be found ... We thought maybe he **took revenge** by taking you with him ... or killing you." Ihre Stimme brach.

"We thought that Lord Zoar **had taken over**", sagte Zak. "The soldiers were talking about a traitor ..."

"And you didn't think that maybe the traitor wasn't you, but Lord Zoar?", fragte Mistress Shoba kopfschüttelnd.

Zak und Tim sahen sich an. "But we saw you in the kitchen. You were crying", verteidigte sich Zak.

"Of course I was crying", gab sie zurück, "I thought I'd lost you forever!"

Ein Küchenjunge brachte Tee und enthob Zak einer Antwort. Tim verbrannte sich an dem heißen Getränk die Zunge, doch das tat seinem Hochgefühl keinen Abbruch. Sie waren in Sicherheit! Lord Jameth hatte gesiegt, und bald schon würde Tim wieder zu Hause sein!

Erst nach einem ausgiebigen Frühstück erlaubte ihnen Mistress Shoba, aufzustehen und in den Thronsaal zu gehen. Dort erwartete sie Lord Jameth, der Zak in die Arme schloss und Tim mit einem kräftigen Händedruck begrüßte.

"I'm very pleased to see both of you safe after everything you **went through**", sagte er. "I'm **proud** of you, my son. And I want to thank you, Tim, for your help when I needed it **most**."

fled geflohen ist
took revenge hat sich gerächt
had taken over hätte die Macht übernommen
went through durchgemacht habt
proud stolz
most am meisten

Tim winkte verlegen ab. "That was nothing. It's just ..."
"What?"
"Tim wants to go back as soon as possible", antwortete Zak für ihn. "His father must be terribly worried because he doesn't know what's happened to Tim."
"I see. Do you want to go now?"
"You mean – now?", fragte Tim ungläubig. "Is it that easy?"
Lord Jameth lachte. "Of course. That is: it is for me." Er ging zur Mitte des Saales, wo das schwarzweiße Muster des Bodens sein Zentrum hatte. "Stand in this circle. Zak, you stay out of it, unless you want to **travel** with your friend."
"Just a moment, Father." Zak legte Tim eine Hand auf die Schulter. "Goodbye, Tim. **Thanks** to you my father is back on the throne, and everything is all right again."
"I'm afraid that's not quite true", warf Lord Jameth ein. "First: Zoar is on the run, and he could still make trouble for us. We also need to find the magic chess board soon. And, your mother and sister are lost in the labyrinth. I have no idea how to help them."
Zak senkte niedergeschlagen den Kopf. "At least you don't have to worry about our problems any more, Tim", sagte er dann. "Good luck with everything, and – well, who knows? Maybe we'll meet again one day."
"Goodbye, Zak", sagte Tim und legte Zak ebenfalls die Hand auf die Schulter. Dann trat er einen Schritt zurück und ging zu Lord Jameth.
Er hätte sich gern noch von Molph verabschiedet, doch

travel reisen
thanks dank

wahrscheinlich duldete Lord Jameth keinen Aufschub mehr. Aber vielleicht war das auch gar nicht nötig? Tim drehte sich um, bis er das Gitter in der Wand sehen konnte, hinter dem er heimlich mit Molph gelauscht hatte. Saß dieser jetzt dort und beobachtete alles? Tim winkte verstohlen, nickte und lächelte. Hoffentlich verstand Molph, dass das ihm galt.
"Ready, Tim?", fragte Lord Jameth.
"Almost. Please would you say goodbye to Mistress Shoba for me, and thank her for everything? She was very good to me. Oh – and somebody should look for the three Dirt Guzzlers in the dungeon." Schließlich wollte er nicht schuld daran sein, dass bald einige Soldaten ohne Finger herumliefen.
"I'll take care of that", antwortete Lord Jameth. Er schob Tim in die Mitte des Kreises. "Thank you again, Tim. You're a brave and clever boy. Travel safely and be well. Close your eyes."
Tim gehorchte. Er spürte einen Luftzug, als hätte Lord Jameth sich bewegt, und hörte ihn etwas murmeln.
Dann war alles still.
Nein, nicht ganz.
Da war das Ticken einer Uhr. Das Geräusch einer zufallenden Autotür. Moment ...
Tim öffnete die Augen und stand – in seinem Zimmer. Sein Herz klopfte laut. Er war zurück. Er war tatsächlich zurück!
Nur: Wie lange war er fort gewesen? Tim sah an sich herab. Die Kleider aus Chesshire wirkten komisch in dieser

Umgebung. Besser er zog sich um, bevor er seinen Vater suchen ging. Das würde weniger Fragen aufwerfen.
Er schlüpfte in Jeans und T-Shirt und öffnete die Zimmertür.
"Hallo Papa, ich bin wieder da!"